PREFAZIONE

La raccolta di frasari da viaggio "Andrà tutto bene!" pubblicati da T&P Books è destinata a coloro che viaggiano all'estero per turismo e per motivi professionali. I frasari contengono ciò che conta di più - gli elementi essenziali per la comunicazione di base. Questa è un'indispensabile serie di frasi utili per "sopravvivere" durante i soggiorni all'estero.

Questo frasario potrà esservi di aiuto nella maggior parte dei casi in cui dovrete chiedere informazioni, ottenere indicazioni stradali, domandare quanto costa qualcosa, ecc. Risulterà molto utile per risolvere situazioni dove la comunicazione è difficile e i gesti non possono aiutarci.

Questo libro contiene molte frasi che sono state raggruppate a seconda degli argomenti più importanti. Questa edizione include anche un piccolo vocabolario che contiene circa 3.000 termini più utilizzati abitualmente. Un'altra sezione del frasario contiene un dizionario gastronomico che vi sarà utile per ordinare pietanze al ristorante o per fare acquisti di genere alimentare.

Durante i vostri viaggi portate con voi il frasario "Andrà tutto bene!" e disporrete di un insostituibile compagno di viaggio che vi aiuterà nei momenti di difficoltà e vi insegnerà a non avere paura di parlare in un'altra lingua straniera.

INDICE

T&P Books Publishing

T&P Books Publishing

FRASARIO
– POLACCO –

Andrey Taranov

I TERMINI E LE ESPRESSIONI PIÙ UTILI

Questo frasario contiene espressioni e domande di uso comune che risulteranno utili per intraprendere conversazioni di base con gli stranieri

T&P BOOKS

Frasario + dizionario da 3000 vocaboli

Frasario Italiano-Polacco e vocabolario tematico da 3000 vocaboli

Di Andrey Taranov

La raccolta di frasari da viaggio "Andrà tutto bene!" pubblicati da T&P Books è destinata a coloro che viaggiano all'estero per turismo e per motivi professionali. I frasari contengono ciò che conta di più - gli elementi essenziali per la comunicazione di base. Questa è un'indispensabile serie di frasi utili per "sopravvivere" durante i soggiorni all'estero.

Questo libro inoltre include un piccolo vocabolario tematico che comprende circa 3.000 termini più utilizzati abitualmente. Un'altra sezione del frasario contiene un dizionario gastronomico che vi sarà utile per ordinare pietanze al ristorante o per fare acquisti di genere alimentare.

T&P Books Publishing
www.tpbooks.com

ISBN: 978-1-78492-714-1

Questo libro è disponibile anche in formato e-book.
Visitate il sito www.tpbooks.com o le principali librerie online.

PRONUNCIA

Lettera	Esempio polacco	Alfabeto fonetico T&P	Esempio italiano

Vocali

Lettera	Esempio polacco	Alfabeto fonetico	Esempio italiano
A a	fala	[a]	macchia
Ą ą	są	[ɔ̃]	[o] nasale
E e	tekst	[ɛ]	centro
Ę ę	pięć	[ɛ̃]	[e] nasale
I i	niski	[i]	vittoria
O o	strona	[ɔ]	romanzo
Ó ó	ołów	[u]	prugno
U u	ulica	[u]	prugno
Y y	stalowy	[ɪ]	tattica

Consonanti

Lettera	Esempio polacco	Alfabeto fonetico	Esempio italiano
B b	brew	[b]	bianco
C c	palec	[ts]	calzini
Ć ć	haftować	[tʃ]	cinque
D d	modny	[d]	doccia
F f	perfumy	[f]	ferrovia
G g	zegarek	[g]	guerriero
H h	handel	[h]	[h] aspirate
J j	jajko	[j]	New York
K k	krab	[k]	cometa
L l	mleko	[l]	saluto
Ł ł	głodny	[w]	week-end
M m	guma	[m]	mostra
N n	Indie	[n]	notte
Ń ń	jesień	[ɲ]	stagno
P p	poczta	[p]	pieno
R r	portret	[r]	ritmo, raro
S s	studnia	[s]	sapere
Ś ś	świat	[ɕ]	fasciatura

Lettera	Esempio polacco	Alfabeto fonetico T&P	Esempio italiano
T t	taniec	[t]	utilità
W w	wieczór	[v]	volare
Z z	zachód	[z]	rosa
Ż ż	żaba	[ʑ]	giraffa
Ż ż	żagiel	[ʒ]	beige

Combinazioni di lettere

ch	ich, zachód	[h]	[h] dolce
ci	kwiecień	[tɕ]	cinghiale
cz	czasami	[tʃ]	cinque
dz	dzbanek	[dz]	zebra
dzi	dziecko	[dʑ]	giraffa
dź	dźwig	[dʑ]	giraffa
dż	dżinsy	[j]	New York
ni	niedziela	[ɲ]	stagno
rz	orzech	[ʒ]	beige
si	osiem	[ɕ]	fasciatura
sz	paszport	[ʃ]	ruscello
zi	zima	[ʑ]	giraffa

Note di commento

˙ Le lettere **Qq, Ww, Xx, Yy** vengono utilizzate solo nei prestiti linguistici di parole straniere

LISTA DELLE ABBREVIAZIONI

Italiano. Abbreviazioni

agg	-	aggettivo
anim.	-	animato
avv	-	avverbio
cong	-	congiunzione
ecc.	-	eccetera
f	-	sostantivo femminile
f pl	-	femminile plurale
fem.	-	femminile
form.	-	formale
inanim.	-	inanimato
inform.	-	familiare
m	-	sostantivo maschile
m pl	-	maschile plurale
m, f	-	maschile, femminile
masc.	-	maschile
mil.	-	militare
pl	-	plurale
pron	-	pronome
qc	-	qualcosa
qn	-	qualcuno
sing.	-	singolare
v aus	-	verbo ausiliare
vi	-	verbo intransitivo
vi, vt	-	verbo intransitivo, transitivo
vr	-	verbo riflessivo
vt	-	verbo transitivo

Polacco. Abbreviazioni

ż	-	sostantivo femminile
ż, l.mn.	-	femminile plurale
l.mn.	-	plurale
m	-	sostantivo maschile
m, ż	-	maschile, femminile
m, l.mn.	-	maschile plurale
n	-	neutro

T&P BOOKS

FRASARIO POLACCO

Questa sezione contiene frasi importanti che potranno rivelarsi utili in varie situazioni di vita quotidiana. Il frasario vi sarà di aiuto per chiedere indicazioni, chiarire il prezzo di qualcosa, comprare dei biglietti e ordinare pietanze in un ristorante

T&P Books Publishing

INDICE DEL FRASARIO

T&P Books Publishing

Il minimo indispensabile

Mi scusi, ...	**Przepraszam, ...** [pʃɛ'praʃam, ...]
Buongiorno.	**Witam.** ['vʲitam]
Grazie.	**Dziękuję.** [dʑiɛɲ'kujɛ]
Arrivederci.	**Do widzenia.** [dɔ vʲi'dzɛɲa]
Sì.	**Tak.** [tak]
No.	**Nie.** [ɲɛ]
Non lo so.	**Nie wiem.** [ɲɛ 'vʲɛm]
Dove? | Dove? (~ stai andando?) | Quando?	**Gdzie? | Dokąd? | Kiedy?** [gdʑɛ? | 'dɔkɔnt? | 'kʲɛdɨ?]
Ho bisogno di ...	**Potrzebuję ...** [pɔtʃɛ'bujɛ ...]
Voglio ...	**Chcę ...** ['xtsɛ ...]
Avete ...?	**Czy jest ...?** [tʃɨ 'jɛst ...?]
C'è un /una/ ... qui?	**Czy jest tutaj ...?** [tʃɨ 'jɛst 'tutaj ...?]
Posso ...?	**Czy mogę ...?** [tʃɨ 'mɔgɛ ...?]
per favore	**..., poproszę** [..., pɔ'prɔʃɛ]
Sto cercando ...	**Szukam ...** ['ʃukam ...]
il bagno	**toalety** [tɔa'lɛti]
un bancomat	**bankomatu** [bankɔ'matu]
una farmacia	**apteki** [a'ptɛkʲi]
un ospedale	**szpitala** [ʃpʲi'tala]
la stazione di polizia	**komendy policji** [kɔ'mɛndɨ pɔ'ʎitsji]
la metro	**metra** ['mɛtra]

un taxi	**taksówki** [ta'ksufkʲi]
la stazione (ferroviaria)	**dworca kolejowego** ['dvɔrtsa kɔlɛjɔ'vɛgɔ]

Mi chiamo …	**Mam na imię …** [mam na 'imʲiɛ …]
Come si chiama?	**Jak pan /pani/ ma na imię?** ['jak pan /'paɲi/ ma na 'imʲiɛ?]
Mi può aiutare, per favore?	**Czy może pan /pani/ mi pomóc?** [tʃi 'mɔʒɛ pan /'paɲi/ mʲi 'pɔmuts?]
Ho un problema.	**Mam problem.** [mam 'prɔblɛm]
Mi sento male.	**Źle się czuję.** [ʑlɛ ɕiɛ 'tʃujɛ]
Chiamate l'ambulanza!	**Proszę wezwać karetkę!** ['prɔʃɛ 'vɛzvatɕ ka'rɛtkɛ!]
Posso fare una telefonata?	**Czy mogę zadzwonić?** [tʃi 'mɔgɛ za'dzvɔɲitɕ?]

Mi dispiace.	**Przepraszam.** [pʃɛ'praʃam]
Prego.	**Proszę bardzo.** ['prɔʃɛ 'bardzɔ]

io	**ja** ['ja]
tu	**ty** ['ti]
lui	**on** [ɔn]
lei	**ona** ['ɔna]
loro (m)	**oni** ['ɔɲi]
loro (f)	**one** ['ɔnɛ]
noi	**my** ['mi]
voi	**wy** ['vi]
Lei	**pan /pani/** [pan /'paɲi/]

ENTRATA	**WEJŚCIE** ['vɛjɕtɕɛ]
USCITA	**WYJŚCIE** ['vijɕtɕɛ]
FUORI SERVIZIO	**NIECZYNNY** [ɲɛ'tʃinni]
CHIUSO	**ZAMKNIĘTE** [za'mkɲiɛntɛ]

APERTO	**OTWARTE**
	[ɔ'tfartɛ]
DONNE	**PANIE**
	['paɲɛ]
UOMINI	**PANOWIE**
	[pa'nɔvʲɛ]

Domande

Dove?	**Gdzie?** [gdʑɛ?]
Dove? (~ stai andando?)	**Dokąd?** ['dɔkɔnt?]
Da dove?	**Skąd?** ['skɔnt?]
Perchè?	**Dlaczego?** [dla'tʃɛgɔ?]
Per quale motivo?	**Dlaczego?** [dla'tʃɛgɔ?]
Quando?	**Kiedy?** ['kʲɛdɨ?]

Per quanto tempo?	**Jak długo?** ['jag 'dwugɔ?]
A che ora?	**O której godzinie?** [ɔ 'kturɛj gɔ'dʑiɲɛ?]
Quanto?	**Ile kosztuje?** ['ilɛ kɔ'ʃtujɛ?]
Avete ...?	**Czy jest ...?** [tʃɨ 'jɛst ...?]
Dov'e ...?	**Gdzie jest ...?** [gdʑɛ 'jɛst ...?]

Che ore sono?	**Która godzina?** ['ktura gɔ'dʑina?]
Posso fare una telefonata?	**Czy mogę zadzwonić?** [tʃɨ 'mɔgɛ za'dzvɔɲit͡ɕ?]
Chi è?	**Kto tam?** [ktɔ tam?]
Si può fumare qui?	**Czy mogę tu zapalić?** [tʃɨ 'mɔgɛ tu za'paʎit͡ɕ?]
Posso ...?	**Czy mogę ...?** [tʃɨ 'mɔgɛ ...?]

Necessità

Vorrei ...	**Chciałbym /Chciałabym/** ... ['xtɕawbim /xtɕa'wabim/ ...]
Non voglio ...	**Nie chcę** ... [ɲɛ 'xtsɛ ...]
Ho sete.	**Jestem spragniony /spragniona/.** ['jɛstɛm spra'gɲɔni /spra'gɲɔna/]
Ho sonno.	**Chce mi się spać.** ['xtsɛ mʲi ɕiɛ 'spatɕ]

Voglio ...	**Chcę** ... ['xtsɛ ...]
lavarmi	**umyć się** ['umitɕ ɕiɛ]
lavare i denti	**umyć zęby** ['umitɕ 'zɛmbi]
riposae un po'	**trochę odpocząć** ['trɔxɛ ɔ'tpɔtʃɔntɕ]
cambiare i vestiti	**zmienić ubranie** ['zmʲɛɲitɕ u'braɲɛ]

tornare in albergo	**wrócić do hotelu** ['vrutɕitɕ dɔ xɔ'tɛlu]
comprare ...	**kupić** ... ['kupʲitɕ ...]
andare a ...	**iść** ... ['iɕtɕ ...]
visitare ...	**odwiedzić** ... [ɔ'dvʲɛdzitɕ ...]
incontrare ...	**spotkać się z** ... ['spɔtkatɕ ɕiɛ s ...]
fare una telefonata	**zadzwonić** [za'dzvɔɲitɕ]

Sono stanco.	**Jestem zmęczony /zmęczona/.** ['jɛstɛm zmɛ'ntʃɔni /zmɛ'ntʃɔna/]
Siamo stanchi.	**Jesteśmy zmęczeni /zmęczone/.** [jɛs'tɛɕmi zmɛ'ntʃɛɲi /zmɛ'ntʃɔnɛ/]
Ho freddo.	**Jest mi zimno.** ['jɛst mʲi 'zimnɔ]
Ho caldo.	**Jest mi gorąco.** ['jɛst mʲi gɔ'rɔntsɔ]
Sto bene.	**W porządku.** [f pɔ'ʒɔntku]

Devo fare una telefonata.

Muszę zadzwonić.
['muʃɛ za'dzvɔɲitɕ]

Devo andare in bagno.

Muszę iść do toalety.
['muʃɛ 'iɕtɕ dɔ tɔa'lɛti]

Devo andare.

Muszę iść.
['muʃɛ 'iɕtɕ]

Devo andare adesso.

Muszę już iść.
['muʃɛ 'juʒ 'iɕtɕ]

Come chiedere indicazioni

Mi scusi, ...	**Przepraszam, ...** [pʃɛ'praʃam, ...]
Dove si trova ...?	**Gdzie jest ...?** [gdʑɛ 'jɛst ...?]
Da che parte è ...?	**W którą stronę jest ...?** [f 'kturɔ̃ 'strɔnɛ 'jɛst ...?]
Mi può aiutare, per favore?	**Czy może pan /pani/ mi pomóc?** [tʃɨ 'mɔʒɛ pan /'paɲi/ mʲi 'pɔmuts?]

Sto cercando ...	**Szukam ...** ['ʃukam ...]
Sto cercando l'uscita.	**Szukam wyjścia.** ['ʃukam 'vɨjɕtɕa]
Sto andando a ...	**Jadę do ...** ['jadɛ dɔ ...]
Sto andando nella direzione giusta per ...?	**Czy idę w dobrym kierunku do ...?** [tʃɨ 'idɛ v 'dɔbrɨm kʲɛ'runku 'dɔ ...?]

E' lontano?	**Czy to daleko?** [tʃɨ tɔ da'lɛkɔ?]
Posso andarci a piedi?	**Czy mogę tam dojść pieszo?** [tʃɨ 'mɔgɛ tam 'dɔjɕtɕ 'pʲɛʃɔ?]
Può mostrarmi sulla piantina?	**Czy może mi pan /pani/ pokazać na mapie?** [tʃɨ 'mɔʒɛ mʲi pan /'paɲi/ pɔ'kazatɕ na 'mapʲɛ?]
Può mostrarmi dove ci troviamo adesso.	**Proszę mi pokazać gdzie teraz jesteśmy.** ['prɔʃɛ mʲi pɔ'kazatɕ gdʑɛ 'tɛras jɛ'stɛɕmi]

Qui	**Tutaj** ['tutaj]
Là	**Tam** [tam]
Da questa parte	**Tędy** ['tɛndɨ]

Giri a destra.	**Należy skręcić w prawo.** [na'lɛʒɨ 'skrɛntɕitɕ f 'pravɔ]
Giri a sinistra.	**Należy skręcić w lewo.** [na'lɛʒɨ 'skrɛntɕitɕ v 'lɛvɔ]
La prima (la seconda, la terza) strada	**pierwszy (drugi, trzeci) skręt** ['pʲɛrfʃi ('drugi, 'tʃɛtɕi) 'skrɛnt]

a destra   **w prawo**
                                  [f 'pravɔ]

a sinistra   **w lewo**
                                  [v 'lɛvɔ]

Vada sempre dritto.   **Proszę iść prosto.**
                                  ['prɔʃɛ 'iɕtɕ 'prɔstɔ]

Segnaletica

BENVENUTO!	**WITAMY!** [vⁱi'tamⁱi]
ENTRATA	**WEJŚCIE** ['vɛjɕtɕɛ]
USCITA	**WYJŚCIE** ['vɨjɕtɕɛ]

SPINGERE	**PCHAĆ** ['pxatɕ]
TIRARE	**CIĄGNĄĆ** ['tɕiɔŋgnɔntɕ]
APERTO	**OTWARTE** [ɔ'tfartɛ]
CHIUSO	**ZAMKNIĘTE** [za'mkɲiɛntɛ]

DONNE	**PANIE** ['paɲɛ]
UOMINI	**PANOWIE** [pa'nɔvⁱɛ]
BAGNO UOMINI	**TOALETA MĘSKA** [tɔa'lɛta 'mɛ̃ska]
BAGNO DONNE	**TOALETA DAMSKA** [tɔa'lɛta 'damska]

SALDI | SCONTI	**ZNIŻKI** ['zɲiʃkⁱi]
IN SALDO	**WYPRZEDAŻ** [vɨ'pʃɛdaʒ]
GRATIS	**ZA DARMO** [za 'darmɔ]
NOVITA!	**NOWOŚĆ!** ['nɔvɔɕtɕ!]
ATTENZIONE!	**UWAGA!** [u'vaga!]

COMPLETO	**BRAK WOLNYCH MIEJSC** ['brag 'vɔlnɨx 'mⁱɛjsts]
RISERVATO	**REZERWACJA** [rɛzɛ'rvatsja]
AMMINISTRAZIONE	**ADMINISTRACJA** [admⁱiɲi'stratsja]
RISERVATO AL PERSONALE	**TYLKO DLA PERSONELU** ['tɨlkɔ 'dla pɛrsɔ'nɛlu]

ATTENTI AL CANE!	**UWAGA PIES** [u'vaga 'pʲɛs]
VIETATO FUMARE	**ZAKAZ PALENIA** ['zakas pa'lɛɲa]
NON TOCCARE	**NIE DOTYKAĆ!** [ɲɛ dɔ'tʲikatɕ!]
PERICOLOSO	**NIEBEZPIECZNE** [ɲɛbɛ'spʲɛtʃnɛ]
PERICOLO	**NIEBEZPIECZEŃSTWO** [ɲɛbɛspʲɛ'tʃɛɲstfɔ]
ALTA TENSIONE	**WYSOKIE NAPIĘCIE** [vi'sɔkʲɛ na'pʲiɛntɕɛ]
DIVIETO DI BALNEAZIONE	**ZAKAZ PŁYWANIA** ['zakas pwi'vaɲa]

FUORI SERVIZIO	**NIECZYNNY** [ɲɛ'tʃɨnnɨ]
INFIAMMABILE	**ŁATWOPALNY** [watfɔ'palnɨ]
VIETATO	**ZABRONIONE** [zabrɔ'ɲɔnɛ]
VIETATO L'ACCESSO	**WSTĘP WZBRONIONY!** ['fstɛmb vzbrɔ'ɲɔnɨ!]
PITTURA FRESCA	**ŚWIEŻO MALOWANE** ['ɕvʲɛʒɔ malɔ'vanɛ]

CHIUSO PER RESTAURO	**ZAMKNIĘTE NA CZAS REMONTU** [za'mkɲiɛntɛ na 'tʃaz rɛ'mɔntu]
LAVORI IN CORSO	**ROBOTY DROGOWE** [rɔ'bɔtɨ drɔ'gɔvɛ]
DEVIAZIONE	**OBJAZD** ['ɔbjazt]

Mezzi di trasporto - Frasi generiche

aereo	**samolot** [sa'molɔt]
treno	**pociąg** ['pɔtɕiɔŋk]
autobus	**autobus** [aw'tɔbus]
traghetto	**prom** ['prɔm]
taxi	**taksówka** [ta'ksufka]
macchina	**samochód** [sa'mɔxut]

orario	**rozkład jazdy | rozkład lotów** ['rɔskwat 'jazdɨ | 'rɔskwat 'lɔtuf]
Dove posso vedere l'orario?	**Gdzie znajdę rozkład jazdy?** [gdʑɛ 'znajdɛ 'rɔskwat 'jazdɨ?]
giorni feriali	**dni robocze** ['dɲi rɔ'bɔtʃɛ]
giorni di festa (domenica)	**weekend** [vɛ'ɛkɛnt]
giorni festivi	**święta** ['ɕvʲiɛnta]

PARTENZA	**WYJAZDY | PRZYLOTY** [vɨ'jazdɨ | pʃɨ'lɔti]
ARRIVO	**PRZYJAZDY | ODLOTY** [pʃɨ'jazdɨ | ɔ'dlɔti]
IN RITARDO	**OPÓŹNIONY** [ɔpu'ʑɲɔnɨ]
CANCELLATO	**ODWOŁANY** [ɔdvɔ'wanɨ]

il prossimo (treno, ecc.)	**następny** [na'stɛmpnɨ]
il primo	**pierwszy** ['pʲɛrfʃɨ]
l'ultimo	**ostatni** [ɔ'statɲi]

Quando è il prossimo ...?	**O której jest następny ...?** [ɔ 'kturɛj 'jɛst na'stɛmpnɨ ...?]
Quando è il primo ...?	**O której jest pierwszy ...?** [ɔ 'kturɛj 'jɛst 'pʲɛrfʃɨ ...?]

Quando è l'ultimo ...? **O której jest ostatni ...?**
[ɔ 'kturɛj 'jɛst ɔ'statɲi ...?]

scalo **przesiadka**
[pʃɛ'ɕatka]

effettuare uno scalo **przesiąść się**
['pʃɛɕiɔ̃ɕtɕ ɕiɛ]

Devo cambiare? **Czy muszę się przesiadać?**
[ʧɨ 'muʃɛ ɕiɛ pʃɛ'ɕadatɕ?]

Acquistando un biglietto

Dove posso comprare i biglietti?	**Gdzie mogę kupić bilety?**
	[gdʑɛ 'mɔgɛ 'kupʲitɕ bʲi'lɛti?]
biglietto	**bilet**
	['bʲilɛt]
comprare un biglietto	**kupić bilet**
	['kupʲitɕ 'bʲilɛt]
il prezzo del biglietto	**cena biletu**
	['tsɛna bʲi'lɛtu]

Dove?	**Dokąd?**
	['dɔkɔnt?]
In quale stazione?	**Do której stacji?**
	[dɔ 'kturɛj 'statsji?]
Avrei bisogno di ...	**Poproszę ...**
	[pɔ'prɔʃɛ ...]
un biglietto	**jeden bilet**
	['jɛdɛn 'bʲilɛt]
due biglietti	**dwa bilety**
	['dva bʲi'lɛti]
tre biglietti	**trzy bilety**
	[tʃi bʲi'lɛti]

solo andata	**w jedną stronę**
	[f 'jɛdnɔ̃ 'strɔnɛ]
andata e ritorno	**w obie strony**
	[v 'ɔbʲɛ 'strɔni]
prima classe	**pierwsza klasa**
	['pʲɛrʃʃa 'klasa]
seconda classe	**druga klasa**
	['druga 'klasa]

oggi	**dzisiaj**
	['dʑiɕaj]
domani	**jutro**
	['jutrɔ]
dopodomani	**pojutrze**
	[pɔ'jutʃɛ]
la mattina	**rano**
	['ranɔ]
nel pomeriggio	**po południu**
	[pɔ pɔ'wudɲu]
la sera	**wieczorem**
	[vʲɛ'tʃɔrɛm]

posto lato corridoio

miejsce przy przejściu
['mʲɛjstsɛ pʃi 'pʃɛjɕtɕu]

posto lato finestrino

miejsce przy oknie
['mʲɛjstsɛ pʃi 'ɔkɲɛ]

Quanto?

Ile kosztuje?
['ilɛ kɔ'ʃtujɛ?]

Posso pagare con la carta di credito?

Czy mogę zapłacić kartą?
[ʧi 'mɔgɛ za'pwatɕitɕ 'kartɔ̃?]

Autobus

autobus	**autobus** [aw'tɔbus]
autobus interurbano	**autobus międzymiastowy** [aw'tɔbus mʲiɛndzimʲa'stɔvɨ]
fermata dell'autobus	**przystanek autobusowy** [pʃɨ'stanɛk awtɔbu'sɔvɨ]
Dov'è la fermata dell'autobus più vicina?	**Gdzie jest najbliższy przystanek autobusowy?** [gdʑɛ 'jɛst najb'ʎiʃʃɨ pʃɨ'stanɛk awtɔbu'sɔvɨ?]

numero	**numer** ['numɛr]
Quale autobus devo prendere per andare a ...?	**Którym autobusem dojadę do ...?** ['kturɨm awtɔ'busɛm dɔ'jadɛ dɔ ...?]
Questo autobus va a ...?	**Czy ten autobus jedzie do ...?** [tʃɨ 'tɛn aw'tɔbus 'jɛdʑɛ dɔ ...?]
Qual'è la frequenza delle corse degli autobus?	**Jak często jeżdżą autobusy?** ['jak 'tʃɛ̃stɔ 'jɛʒdʒɔ̃ awtɔ'busɨ?]

ogni 15 minuti	**co piętnaście minut** ['tsɔ pʲiɛ'ntnaɕtɕɛ 'mʲinut]
ogni mezzora	**co pół godziny** ['tsɔ 'puw gɔ'dʑinɨ]
ogni ora	**co godzinę** ['tsɔ gɔ'dʑinɛ]
più a volte al giorno	**kilka razy dziennie** ['kʲilka 'razɨ 'dʑɛnɲɛ]
... volte al giorno	**... razy dziennie** [... 'razɨ 'dʑɛnɲɛ]

orario	**rozkład jazdy** ['rɔskwat 'jazdɨ]
Dove posso vedere l'orario?	**Gdzie znajdę rozkład jazdy?** [gdʑɛ 'znajdɛ 'rɔskwat 'jazdɨ?]
Quando passa il prossimo autobus?	**O której jest następny autobus?** [ɔ 'kturɛj 'jɛst na'stɛmpnɨ aw'tɔbus?]
A che ora è il primo autobus?	**O której jest pierwszy autobus?** [ɔ 'kturɛj 'jɛst 'pʲɛrfʃɨ aw'tɔbus?]
A che ora è l'ultimo autobus?	**O której jest ostatni autobus?** [ɔ 'kturɛj 'jɛst ɔ'statɲi aw'tɔbus?]

fermata	**przystanek** [pʃi'stanɛk]
prossima fermata	**następny przystanek** [na'stɛmpnɨ pʃi'stanɛk]
ultima fermata	**ostatni przystanek** [ɔ'statɲi pʃi'stanɛk]
Può fermarsi qui, per favore.	**Proszę się tu zatrzymać.** ['prɔʃɛ ɕiɛ tu za'tʃimatɕ]
Mi scusi, questa è la mia fermata.	**Przepraszam, to mój przystanek.** [pʃɛ'praʃam, tɔ muj pʃi'stanɛk]

Treno

treno	**pociąg** ['pɔtɕiɔŋk]
treno locale	**kolejka** [kɔ'lɛjka]
treno a lunga percorrenza	**pociąg dalekobieżny** ['pɔtɕiɔŋk dalɛkɔ'bʲɛʒnɨ]
stazione (~ ferroviaria)	**dworzec kolejowy** ['dvɔʒɛts kɔlɛ'jɔvɨ]
Mi scusi, dov'è l'uscita per il binario?	**Przepraszam, gdzie jest wyjście z peronu?** [pʃɛ'praʃam, gdʑɛ 'jɛsd 'vɨjɕtɕɛ s pɛ'rɔnu?]

Questo treno va a ...?	**Czy ten pociąg jedzie do ...?** [tʃɨ 'tɛn 'pɔtɕiɔŋk 'jɛdʑɛ dɔ ...?]
il prossimo treno	**następny pociąg** [na'stɛmpnɨ 'pɔtɕiɔŋk]
Quando è il prossimo treno?	**O której jest następny pociąg?** [ɔ 'kturɛj 'jɛst na'stɛmpnɨ 'pɔtɕiɔŋk?]
Dove posso vedere l'orario?	**Gdzie znajdę rozkład jazdy?** [gdʑɛ 'znajdɛ 'rɔskwat 'jazdɨ?]
Da quale binario?	**Z którego peronu?** [s ktu'rɛgɔ pɛ'rɔnu?]
Quando il treno arriva a ... ?	**O której ten pociąg dojeżdża do ...?** [ɔ 'kturɛj 'tɛn 'pɔtɕiɔŋk dɔ'jɛʒdʒa dɔ ...?]

Mi può aiutare, per favore.	**Proszę mi pomóc.** ['prɔʃɛ mʲi 'pɔmuts]
Sto cercando il mio posto.	**Szukam swojego miejsca.** ['ʃukam sfɔ'jɛgɔ 'mʲɛjstsa]
Stiamo cercando i nostri posti.	**Szukamy naszych miejsc.** [ʃu'kamɨ 'naʃix 'mʲɛjsts]
Il mio posto è occupato.	**Moje miejsce jest zajęte.** ['mɔjɛ 'mʲɛjstsɛ 'jɛsd za'jɛntɛ]
I nostri posti sono occupati.	**Nasze miejsca są zajęte.** ['naʃɛ 'mʲɛjstsa 'sɔ̃ za'jɛntɛ]

Mi scusi, ma questo è il mio posto.	**Przykro mi ale to moje miejsce.** ['pʃikrɔ mʲi 'alɛ tɔ 'mɔjɛ 'mʲɛjstsɛ]
E' occupato?	**Czy to miejsce jest zajęte?** [tʃɨ tɔ 'mʲɛjstsɛ 'jɛsd za'jɛntɛ?]
Posso sedermi qui?	**Czy mogę tu usiąść?** [tʃɨ 'mɔgɛ tu 'uɕiɔ̃ɕtɕ?]

Sul treno - Dialogo (Senza il biglietto)

Biglietto per favore.	**Bilety, proszę.** [bʲiˈlɛtɨ, ˈprɔʃɛ]
Non ho il biglietto.	**Nie mam biletu.** [ɲɛ ˈmam bʲiˈlɛtu]
Ho perso il biglietto.	**Zgubiłem bilet.** [zɡuˈbʲiwɛm ˈbʲilɛt]
Ho dimenticato il biglietto a casa.	**Zostawiłem bilet w domu.** [zɔstaˈvʲiwɛm ˈbʲilɛt v ˈdɔmu]
Può acquistare il biglietto da me.	**Może pan /pani/ kupić bilet ode mnie.** [ˈmɔʒɛ pan /ˈpaɲi/ ˈkupʲit͡ɕ ˈbʲilɛt ˈɔdɛ ˈmɲɛ]
Deve anche pagare una multa.	**Będzie pan musiał /pani musiała/ również zapłacić mandat.** [ˈbɛndʑɛ pan ˈmuɕaw /ˈpaɲi muˈɕawa/ ˈruvɲɛʒ zaˈpwat͡ɕit͡ɕ ˈmandat]
Va bene.	**Dobrze.** [ˈdɔbʒɛ]
Dove va?	**Dokąd pan /pani/ jedzie?** [ˈdɔkɔnt pan /ˈpaɲi/ ˈjɛdʑɛ?]
Vado a ...	**Jadę do ...** [ˈjadɛ dɔ ...]
Quanto? Non capisco.	**Ile kosztuje? Nie rozumiem.** [ˈilɛ kɔˈʃtujɛ? ɲɛ rɔˈzumʲɛm]
Può scriverlo per favore.	**Czy może pan /pani/ to napisać?** [t͡ʃɨ ˈmɔʒɛ pan /ˈpaɲi/ tɔ naˈpʲisat͡ɕ?]
D'accordo. Posso pagare con la carta di credito?	**Dobrze. Czy mogę zapłacić kartą?** [ˈdɔbʒɛ. t͡ʃɨ ˈmɔɡɛ zaˈpwat͡ɕit͡ɕ ˈkartɔ̃?]
Sì.	**Tak, można.** [tak, ˈmɔʒna]
Ecco la sua ricevuta.	**Oto pański /pani/ rachunek.** [ˈɔtɔ ˈpaɲskʲi /ˈpaɲi/ raˈxunɛk]
Mi dispiace per la multa.	**Przykro mi z powodu mandatu.** [ˈpʃɨkrɔ mʲi s pɔˈvɔdu maˈndatu]
Va bene così. È stata colpa mia.	**W porządku. To moja wina.** [f pɔˈʒɔntku. tɔ ˈmɔja ˈvʲina]
Buon viaggio.	**Miłej podróży.** [ˈmʲiwɛj pɔˈdruʒi]

Taxi

taxi	**taksówka** [ta'ksufka]
tassista	**taksówkarz** [ta'ksufkaʃ]
prendere un taxi	**złapać taksówkę** ['zwapatɕ ta'ksufkɛ]
posteggio taxi	**postój taksówek** ['pɔstuj ta'ksuvɛk]
Dove posso prendere un taxi?	**Gdzie mogę wziąć taksówkę?** [gdʑɛ 'mɔgɛ vʑi'ɔ̃tɕ ta'ksufkɛ?]
chiamare un taxi	**zadzwonić po taksówkę** [za'dzvɔɲitɕ pɔ ta'ksufkɛ]
Ho bisogno di un taxi.	**Potrzebuję taksówkę.** [pɔtʃɛ'bujɛ ta'ksufkɛ]
Adesso.	**Jak najszybciej.** ['jak na'jʃiptɕɛj]
Qual'è il suo indirizzo?	**Skąd pana /panią/ odebrać?** ['skɔnt 'pana /'paɲiɔ̃/ ɔ'dɛbratɕ?]
Il mio indirizzo è ...	**Mój adres to ...** [muj 'adrɛs tɔ ...]
La sua destinazione?	**Dokąd pan /pani/ chce jechać?** ['dɔkɔnt pa'n /paɲi/ 'xtsɛ 'jɛxatɕ?]
Mi scusi, ...	**Przepraszam, ...** [pʃɛ'praʃam, ...]
E' libero?	**Czy jest pan wolny?** [tʃi 'jɛst pan 'vɔlni?]
Quanto costa andare a ...?	**Ile kosztuje przejazd do ...?** ['ilɛ kɔ'ʃtujɛ 'pʃɛjazd dɔ ...?]
Sapete dove si trova?	**Wie pan /pani/ gdzie to jest?** ['vʲɛ pan /'paɲi/ gdʑɛ tɔ 'jɛst?]
All'aeroporto, per favore.	**Na lotnisko, proszę.** [na lɔt'ɲiskɔ, 'prɔʃɛ]
Si fermi qui, per favore.	**Proszę się tu zatrzymać.** ['prɔʃɛ ɕɛ tu za'tʃimatɕ]
Non è qui.	**To nie tutaj.** [tɔ ɲɛ 'tutaj]
È l'indirizzo sbagliato.	**To zły adres.** [tɔ 'zwi 'adrɛs]
Giri a sinistra.	**Proszę skręcić w lewo.** ['prɔʃɛ 'skrɛntɕitɕ v 'lɛvɔ]
Giri a destra.	**Proszę skręcić w prawo.** ['prɔʃɛ 'skrɛntɕitɕ f 'pravɔ]

Quanto le devo?	**Ile płacę?** ['ilɛ 'pwatsɛ?]
Potrei avere una ricevuta, per favore.	**Poproszę rachunek.** [pɔ'prɔʃɛ ra'xunɛk]
Tenga il resto.	**Proszę zachować resztę.** ['prɔʃɛ za'xɔvatɕ 'rɛʃtɛ]

Può aspettarmi, per favore?	**Czy może pan /pani/ na mnie poczekać?** [tʃi 'mɔʒɛ pan /'paɲi/ na mɲɛ pɔ'tʃɛkatɕ?]
cinque minuti	**pięć minut** ['pʲɛntɕ 'mʲinut]
dieci minuti	**dziesięć minut** ['dzɛɕɛntɕ 'mʲinut]
quindici minuti	**piętnaście minut** [pʲɛ'ntnaɕtɕɛ 'mʲinut]
venti minuti	**dwadzieścia minut** [dva'dzɛɕtɕa 'mʲinut]
mezzora	**pół godziny** ['puw gɔ'dzini]

Hotel

Salve.	**Witam.** ['vʲitam]
Mi chiamo ...	**Mam na imię ...** [mam na 'imʲiɛ ...]
Ho prenotato una camera.	**Mam rezerwację.** [mam rɛzɛ'rvatsjɛ]

Ho bisogno di ...	**Potrzebuję ...** [pɔtʃɛ'bujɛ ...]
una camera singola	**pojedynczy pokój** [pɔjɛ'dɨntʃɨ 'pɔkuj]
una camera doppia	**podwójny pokój** [pɔ'dvujnɨ 'pɔkuj]
Quanto costa questo?	**Ile to kosztuje?** ['ilɛ tɔ kɔ'ʃtujɛ?]
È un po' caro.	**To trochę za drogo.** [tɔ 'trɔxɛ za 'drɔgɔ]

Avete qualcos'altro?	**Czy są inne pokoje?** [tʃɨ 'sɔ̃ 'innɛ pɔ'kɔjɛ?]
La prendo.	**Wezmę ten.** ['vɛzmɛ 'tɛn]
Pago in contanti.	**Zapłacę gotówką.** [za'pwatsɛ gɔ'tufkɔ̃]

Ho un problema.	**Mam problem.** [mam 'prɔblɛm]
Il mio ... è rotto.	**... jest zepsuty /zepsuta/.** [... 'jɛsd zɛ'psutɨ /zɛ'psuta/.]
Il mio ... è fuori servizio.	**... jest nieczynny /nieczynna/.** [... 'jɛst ɲɛ'tʃɨnnɨ /ɲɛ'tʃɨnna/.]
televisore	**Mój telewizor ...** [muj tɛlɛ'vʲizɔr ...]
condizionatore	**Moja klimatyzacja ...** ['mɔja kʎimatɨ'zatsja ...]
rubinetto	**Mój kran ...** [muj 'kran ...]

doccia	**Mój prysznic ...** [muj 'prɨʃɲits ...]
lavandino	**Mój zlew ...** [muj 'zlɛf ...]
cassaforte	**Mój sejf ...** [muj 'sɛjf ...]

serratura	**Mój zamek ...** [muj 'zamɛk ...]
presa elettrica	**Moje gniazdko elektryczne ...** ['mɔjɛ 'gɲaztkɔ ɛlɛ'ktritʃnɛ ...]
asciugacapelli	**Moja suszarka ...** ['mɔja su'ʃarka ...]

Non ho ...	**Nie mam ...** [ɲɛ 'mam ...]
l'acqua	**wody** ['vɔdɨ]
la luce	**światła** ['ɕvʲatwa]
l'elettricità	**prądu** ['prɔndu]

Può darmi ...?	**Czy może mi pan /pani/ przynieść ...?** [tʃɨ 'mɔʒɛ mʲi pan /'paɲi/ 'pʃɨɲɛɕtɕ ...?]
un asciugamano	**ręcznik** ['rɛntʃnik]
una coperta	**koc** ['kɔts]
delle pantofole	**kapcie** ['kaptɕɛ]
un accappatoio	**szlafrok** ['ʃlafrɔk]
dello shampoo	**szampon** ['ʃampɔn]
del sapone	**mydło** ['mɨdwɔ]

Vorrei cambiare la camera.	**Chciałbym /chciałabym/ zmienić pokój.** ['xtɕawbɨm /xtɕa'wabɨm/ 'zmʲɛɲitɕ 'pɔkuj]
Non trovo la chiave.	**Nie mogę znaleźć mojego klucza.** [ɲɛ 'mɔgɛ 'znalɛɕtɕ mɔ'jɛgɔ 'klutʃa]
Potrebbe aprire la mia camera, per favore?	**Czy może pani otworzyć mój pokój?** [tʃɨ 'mɔʒɛ 'paɲi ɔ'tfɔʒɨtɕ muj 'pɔkuj?]
Chi è?	**Kto tam?** [ktɔ tam?]
Avanti!	**Proszę wejść!** ['prɔʃɛ 'vɛjɕtɕ!]
Un attimo!	**Chwileczkę!** [xvʲi'lɛtʃkɛ!]

Non adesso, per favore.	**Nie teraz, proszę.** [ɲɛ 'tɛras, 'prɔʃɛ]
Può venire nella mia camera, per favore.	**Proszę wejść do mojego pokoju.** ['prɔʃɛ 'vɛjɕtɕ dɔ mɔ'jɛgɔ pɔ'kɔju]

Vorrei ordinare qualcosa da mangiare.	**Chciałbym /chciałabym/ zamówić posiłek do pokoju.** ['xtɕawbim /xtɕa'wabim/ za'muvʲitɕ po'ɕiwɛg dɔ pɔ'kɔju]
Il mio numero di camera è ...	**Mój numer pokoju to ...** [muj 'numɛr pɔ'kɔju tɔ ...]
Parto ...	**Wyjeżdżam ...** [vɨ'jɛʐdʐam ...]
Partiamo ...	**Wyjeżdżamy ...** [vɨjɛ'ʐdʐamɨ ...]
adesso	**jak najszybciej** ['jak na'jʃiptɕɛj]
questo pomeriggio	**po południu** [pɔ pɔ'wudɲu]
stasera	**dziś wieczorem** ['dʑiɕ vʲɛ'tʃɔrɛm]
domani	**jutro** ['jutrɔ]
domani mattina	**jutro rano** ['jutrɔ 'ranɔ]
domani sera	**jutro wieczorem** ['jutrɔ vʲɛ'tʃɔrɛm]
dopodomani	**pojutrze** [pɔ'jutʃɛ]

Vorrei pagare.	**Chciałbym zapłacić.** ['xtɕawbim za'pwatɕitɕ]
È stato tutto magnifico.	**Wszystko było wspaniałe.** [fʃistkɔ 'bɨwɔ fspa'ɲawɛ]
Dove posso prendere un taxi?	**Gdzie mogę wziąć taksówkę?** [gdʑɛ 'mɔgɛ vʑi'ɔ̃tɕ ta'ksufkɛ?]
Potrebbe chiamarmi un taxi, per favore?	**Czy może pan /pani/ wezwać dla mnie taksówkę?** [tʃɨ 'mɔʒɛ pan /paɲi/ 'vɛzvatɕ 'dla 'mɲɛ ta'ksufkɛ?]

Al Ristorante

Posso vedere il menù, per favore?	**Czy mogę prosić menu?** [ʧɨ 'mɔgɛ 'prɔɕitɕ 'mɛnu?]
Un tavolo per una persona.	**Stolik dla jednej osoby.** ['stɔʎig 'dla 'jɛdnɛj ɔ'sɔbɨ]
Siamo in due (tre, quattro).	**Jest nas dwoje (troje, czworo).** ['jɛst 'naz 'dvɔjɛ ('trɔjɛ, 'ʧvɔrɔ)]

Fumatori	**Dla palących.** ['dla pa'lɔntsɨx]
Non fumatori	**Dla niepalących.** ['dla ɲɛpa'lɔntsɨx]
Mi scusi!	**Przepraszam!** [pʃɛ'praʃam!]
il menù	**menu** ['mɛnu]
la lista dei vini	**lista win** ['ʎista 'vʲin]
Posso avere il menù, per favore.	**Poproszę menu.** [pɔ'prɔʃɛ 'mɛnu]

È pronto per ordinare?	**Czy są Państwo gotowi?** [ʧɨ 'sɔ̃ 'paɲstfɔ gɔ'tɔvʲi?]
Cosa gradisce?	**Co Państwo zamawiają?** ['tsɔ 'paɲstfɔ zama'vʲajɔ̃?]
Prendo …	**Zamawiam …** [za'mavʲam …]

Sono vegetariano.	**Jestem wegetarianinem /wegetarianką/.** ['jɛstɛm vɛgɛtaria'ɲinɛm /vɛgɛta'riankɔ̃/]
carne	**mięso** ['mʲi̯ɛ̃sɔ]
pesce	**ryba** ['rɨba]
verdure	**warzywa** [va'ʒɨva]
Avete dei piatti vegetariani?	**Czy są dania wegetariańskie?** [ʧɨ 'sɔ̃ 'daɲa vɛgɛta'riaɲskʲɛ?]
Non mangio carne di maiale.	**Nie jadam wieprzowiny.** [ɲɛ 'jadam vʲɛpʃɔ'vʲinɨ]
Lui /lei/ non mangia la carne.	**On /Ona/ nie je mięsa.** [ɔn /'ɔna/ ɲɛ 'jɛ 'mʲi̯ɛ̃sa]

Sono allergico a ...	**Jestem uczulony /uczulona/ na ...** ['jɛstɛm utʃu'lɔnʲi /utʃu'lɔna/ na ...]
Potrebbe portarmi ...	**Czy może pan /pani/ przynieść mi ...** [tʃɨ 'mɔʒɛ pan /'paɲi/ 'pʃɨɲɛɕtɕ mʲi ...]
del sale | del pepe | dello zucchero	**sól | pieprz | cukier** ['suʎ | 'pʲɛpʃ | 'tsukʲɛr]
un caffè | un tè | un dolce	**kawa | herbata | deser** ['kava | xɛ'rbata | 'dɛsɛr]
dell'acqua | frizzante | naturale	**woda | gazowana | bez gazu** ['vɔda | gazɔ'vana | 'bɛz 'gazu]
un cucchiaio | una forchetta | un coltello	**łyżka | widelec | nóż** ['wiʃka | vʲi'dɛlɛts | 'nuʒ]
un piatto | un tovagliolo	**talerz | serwetka** ['talɛʃ | sɛr'vɛtka]

Buon appetito!	**Smacznego!** [sma'tʃnɛgɔ!]
Un altro, per favore.	**Jeszcze raz poproszę.** ['jɛʃtʃɛ 'ras pɔ'prɔʃɛ]
È stato squisito.	**To było pyszne.** [tɔ 'bɨwɔ 'pɨʃnɛ]

il conto | il resto | la mancia	**rachunek | drobne | napiwek** [ra'xunɛk | 'drɔbnɛ | na'pʲivɛk]
Il conto, per favore.	**Rachunek proszę.** [ra'xunɛk 'prɔʃɛ]
Posso pagare con la carta di credito?	**Czy mogę zapłacić kartą?** [tʃɨ 'mɔgɛ za'pwatɕitɕ 'kartɔ̃?]
Mi scusi, c'è un errore.	**Przykro mi, tu jest błąd.** ['pʃikrɔ mʲi, tu 'jɛsd 'bwɔnt]

Shopping

Posso aiutarla?	**W czym mogę pomóc?** [f 'tʃim 'mɔgɛ 'pɔmuts?]
Avete ...?	**Czy jest ...?** [tʃi 'jɛst ...?]
Sto cercando ...	**Szukam ...** ['ʃukam ...]
Ho bisogno di ...	**Potrzebuję ...** [pɔtʃɛ'bujɛ ...]
Sto guardando.	**Tylko się rozglądam.** ['tɨlkɔ ɕiɛ rɔ'zglɔndam]
Stiamo guardando.	**Tylko się rozglądamy.** ['tɨlkɔ ɕiɛ rɔzglɔn'dami]
Ripasserò più tardi.	**Wrócę później.** ['vrutsɛ 'puʒɲɛj]
Ripasseremo più tardi.	**Wrócimy później.** [vru'tɕimɨ 'puʒɲɛj]
sconti | saldi	**zniżka | wyprzedaż** ['zɲiʃka | vɨ'pʃɛdaʒ]
Per favore, mi può far vedere ...?	**Czy może mi pan /pani/ pokazać ...** [tʃi 'mɔʒɛ mʲi pan /'paɲi/ pɔ'kazatɕ ...]
Per favore, potrebbe darmi ...	**Czy może mi pan /pani/ dać ...** [tʃi 'mɔʒɛ mʲi pan /'paɲi/ datɕ ...]
Posso provarlo?	**Czy mogę przymierzyć?** [tʃi 'mɔgɛ pʃi'mʲɛʒitɕ?]
Mi scusi, dov'è il camerino?	**Przepraszam, gdzie jest przymierzalnia?** [pʃɛ'praʃam, gdʑɛ 'jɛst pʃimʲɛ'ʒalɲa?]
Che colore desidera?	**Jaki kolor pan /pani/ sobie życzy?** ['jakʲi 'kɔlɔr pan /'paɲi/ 'sɔbʲɛ 'ʒitʃi?]
taglia | lunghezza	**rozmiar | długość** ['rɔzmʲar | 'dwugɔɕtɕ]
Come le sta?	**Jak to leży?** ['jak tɔ 'lɛʒi?]
Quanto costa questo?	**Ile to kosztuje?** ['ilɛ tɔ kɔ'ʃtujɛ?]
È troppo caro.	**To za drogo.** [tɔ za 'drɔgɔ]
Lo prendo.	**Wezmę to.** ['vɛzmɛ 'tɔ]

Mi scusi, dov'è la cassa?	**Przepraszam, gdzie mogę zapłacić?** [pʃɛ'praʃam, gdʑɛ 'mɔgɛ za'pwatɕitɕ?]
Paga in contanti o con carta di credito?	**Czy płaci pan /pani/ gotówką czy kartą?** [tʃi 'pwatɕi pan /'paɲi/ gɔ'tufkɔ̃ tʃi 'kartɔ̃?]
In contanti | con carta di credito	**Gotówką | kartą kredytową** [gɔ'tufkɔ̃ | 'kartɔ̃ krɛdi'tɔvɔ̃]

Vuole lo scontrino?	**Czy chce pan /pani/ rachunek?** [tʃi xtsɛ pan /'paɲi/ ra'xunɛk?]
Si, grazie.	**Tak, proszę.** [tak, 'prɔʃɛ]
No, va bene così.	**Nie, dziękuję.** [ɲɛ, dʑiɛ'ŋkujɛ]
Grazie. Buona giornata!	**Dziękuję. Miłego dnia!** [dʑiɛŋ'kujɛ. mʲi'wɛgɔ dɲa!]

In città

Mi scusi, per favore ...	**Przepraszam.** [pʃɛ'praʃam]
Sto cercando ...	**Szukam ...** ['ʃukam ...]
la metropolitana	**metra** ['mɛtra]
il mio albergo	**mojego hotelu** [mɔ'jɛgɔ xɔ'tɛlu]
il cinema	**kina** ['kʲina]
il posteggio taxi	**postoju taksówek** [pɔ'stɔju ta'ksuvɛk]
un bancomat	**bankomatu** [bankɔ'matu]
un ufficio dei cambi	**kantoru wymiany walut** [ka'ntɔru viˈmʲani va'lut]
un internet café	**kafejki internetowej** [ka'fɛjkʲi intɛrnɛ'tɔvɛj]
via ...	**ulicy ...** [u'ʎitsɨ ...]
questo posto	**tego miejsca** ['tɛgɔ 'mʲɛjstsa]
Sa dove si trova ...?	**Czy wie pan /pani/ gdzie jest ...?** [tʃɨ 'vʲɛ pan /'paɲi/ gdʑɛ 'jɛst ...?]
Come si chiama questa via?	**Na jakiej to ulicy?** [na 'jakʲɛj tɔ u'ʎitsɨ?]
Può mostrarmi dove ci troviamo?	**Proszę mi pokazać gdzie teraz jesteśmy.** ['prɔʃɛ mʲi pɔ'kazatɕ gdʑɛ 'tɛras jɛ'stɛɕmɨ]
Posso andarci a piedi?	**Czy mogę tam dojść pieszo?** [tʃɨ 'mɔgɛ tam 'dɔjɕtɕ 'pʲɛʃɔ?]
Avete la piantina della città?	**Czy ma pan /pani/ mapę miasta?** [tʃɨ ma pan /'paɲi/ 'mapɛ 'mʲasta?]
Quanto costa un biglietto?	**Ile kosztuje wejście?** ['ilɛ kɔ'ʃtujɛ 'vɛjɕtɕɛ?]
Si può fotografare?	**Czy można tu robić zdjęcia?** [tʃɨ 'mɔʒna tu 'rɔbʲitɕ 'zdjɛntɕa?]
E' aperto?	**Czy jest otwarte?** [tʃɨ 'jɛst ɔ'tfartɛ?]

Quando aprite?

Od której jest czynne?
[ɔt 'kturɛj 'jɛst 'ʧinnɛ?]

Quando chiudete?

Do której jest czynne?
[dɔ 'kturɛj 'jɛst 'ʧinnɛ?]

Soldi

Soldi	**pieniądze** [pʲɛˈɲiɔndzɛ]
contanti	**gotówka** [gɔˈtufka]
banconote	**pieniądze papierowe** [pʲɛˈɲiɔndzɛ papʲɛˈrɔvɛ]
monete	**drobne** [ˈdrɔbnɛ]
conto | resto | mancia	**rachunek | drobne | napiwek** [raˈxunɛk | ˈdrɔbnɛ | naˈpʲivɛk]
carta di credito	**karta kredytowa** [ˈkarta krɛdɨˈtɔva]
portafoglio	**portfel** [ˈpɔrtfɛl]
comprare	**kupować** [kuˈpɔvatɕ]
pagare	**płacić** [ˈpwatɕitɕ]
multa	**grzywna** [ˈgʒɨvna]
gratuito	**darmowy** [daˈrmɔvɨ]
Dove posso comprare …?	**Gdzie mogę kupić …?** [gdzɛ ˈmɔgɛ ˈkupʲitɕ …?]
La banca è aperta adesso?	**Czy bank jest teraz otwarty?** [ʈʂɨ ˈbank ˈjɛst ˈtɛraz ɔˈtfartɨ?]
Quando apre?	**Od której jest czynny?** [ɔt ˈkturɛj ˈjɛst ˈʈʂɨnnɨ?]
Quando chiude?	**Do której jest czynny?** [dɔ ˈkturɛj ˈjɛst ˈʈʂɨnnɨ?]
Quanto costa?	**Ile kosztuje?** [ˈilɛ kɔˈʃtujɛ?]
Quanto costa questo?	**Ile to kosztuje?** [ˈilɛ tɔ kɔˈʃtujɛ?]
È troppo caro.	**To za drogo.** [tɔ za ˈdrɔgɔ]
Scusi, dov'è la cassa?	**Przepraszam, gdzie mogę zapłacić?** [pʃɛˈpraʃam, gdzɛ ˈmɔgɛ zaˈpwatɕitɕ?]
Il conto, per favore.	**Rachunek proszę.** [raˈxunɛk ˈprɔʃɛ]

Posso pagare con la carta di credito?	**Czy mogę zapłacić kartą?** [tʃi 'mɔgɛ za'pwatɕitɕ 'kartɔ̃?]
C'è un bancomat?	**Czy jest tu gdzieś bankomat?** [tʃi 'jɛst tu gdʑɛɕ bankɔ'mat?]
Sto cercando un bancomat.	**Szukam bankomatu.** ['ʃukam bankɔ'matu]

Sto cercando un ufficio dei cambi.	**Szukam kantoru wymiany walut.** ['ʃukam ka'ntɔru vɨ'mʲani 'valut]
Vorrei cambiare …	**Chciałbym /Chciałabym/ wymienić …** ['xtɕawbɨm /xtɕa'wabɨm/ vɨ'mʲɛɲitɕ …]
Quanto è il tasso di cambio?	**Jaki jest kurs?** ['jakʲi 'jɛst 'kurs?]
Ha bisogno del mio passaporto?	**Czy potrzebuje pan /pani/ mój paszport?** [tʃi pɔtʃɛ'bujɛ pan /'paɲi/ muj 'paʃpɔrt?]

Le ore

Che ore sono?
Która godzina?
['ktura gɔ'dʑina?]

Quando?
Kiedy?
['kʲɛdi?]

A che ora?
O której godzinie?
[ɔ 'kturɛj gɔ'dʑiɲɛ?]

adesso | più tardi | dopo ...
teraz | później | po ...
['tɛraz | 'puʑɲɛj | pɔ ...]

l'una
godzina pierwsza
[gɔ'dʑina 'pʲɛrʃʃa]

l'una e un quarto
pierwsza piętnaście
['pʲɛrʃʃa pʲɛ'ntnaɕtɕɛ]

l'una e trenta
pierwsza trzydzieści
['pʲɛrʃʃa tʃʲ'dzɛɕtɕi]

l'una e quarantacinque
za piętnaście druga
[za pʲɛ'ntnaɕtɕɛ 'druga]

uno | due | tre
pierwsza | druga | trzecia
['pʲɛrʃʃa | 'druga | 'tʃɛtɕa]

quattro | cinque | sei
czwarta | piąta | szósta
['tʃvarta | 'pʲɔnta | 'ʃusta]

sette | otto | nove
siódma | ósma | dziewiąta
['ɕudma | 'usma | dʑɛ'vʲɔnta]

dieci | undici | dodici
dziesiąta | jedenasta | dwunasta
[dʑɛ'ɕɔnta | jɛdɛ'nasta | dvu'nasta]

fra ...
za ...
[za ...]

cinque minuti
pięć minut
['pʲiɛntɕ 'mʲinut]

dieci minuti
dziesięć minut
['dʑɛɕiɛntɕ 'mʲinut]

quindici minuti
piętnaście minut
[pʲiɛ'ntnaɕtɕɛ 'mʲinut]

venti minuti
dwadzieścia minut
[dva'dzɛtɕa 'mʲinut]

mezzora
pół godziny
['puw gɔ'dʑini]

un'ora
godzinę
[gɔ'dʑinɛ]

la mattina	**rano** ['ranɔ]
la mattina presto	**wcześnie rano** ['ftʃɛɕɲɛ 'ranɔ]
questa mattina	**tego ranka** ['tɛgɔ 'ranka]
domani mattina	**jutro rano** ['jutrɔ 'ranɔ]

all'ora di pranzo	**w południe** [f pɔ'wudɲɛ]
nel pomeriggio	**po południu** [pɔ pɔ'wudɲu]
la sera	**wieczorem** [viɛ'tʃɔrɛm]
stasera	**dziś wieczorem** ['dʑiɕ viɛ'tʃɔrɛm]

la notte	**w nocy** [f 'nɔtsɨ]
ieri	**wczoraj** ['ftʃɔraj]
oggi	**dzisiaj** ['dʑiɕaj]
domani	**jutro** ['jutrɔ]
dopodomani	**pojutrze** [pɔ'jutʃɛ]

Che giorno è oggi?	**Jaki jest dzisiaj dzień?** ['jakʲi 'jɛst 'dʑiɕaj 'dʑɛɲ?]
Oggi è ...	**Jest ...** ['jɛst ...]
lunedì	**poniedziałek** [pɔɲɛ'dʑawɛk]
martedì	**wtorek** ['ftɔrɛk]
mercoledì	**środa** ['ɕrɔda]

giovedì	**czwartek** ['tʃvartɛk]
venerdì	**piątek** ['pʲiɔntɛk]
sabato	**sobota** [sɔ'bɔta]
domenica	**niedziela** [ɲɛ'dʑɛla]

Saluti - Presentazione

Salve. | **Witam.**
['vʲitam]

Lieto di conoscerla. | **Miło mi pana /panią/ poznać.**
['mʲiwɔ mʲi 'pana /'paɲiɔ̃/ 'pɔznatɕ]

Il piacere è mio. | **Mi również.**
[mʲi 'ruvɲɛʒ]

Vi presento … | **Chciałbym żeby pan poznał /pani poznała/ …**
['xtɕawbɨm 'ʒɛbɨ pan 'pɔznaw /'paɲi pɔ'znawa/ …]

Molto piacere. | **Miło pana /panią/ poznać.**
['mʲiwɔ 'pana /'paɲiɔ̃/ 'pɔznatɕ]

Come sta? | **Jak się pan /pani/ miewa?**
['jak ɕiɛ pan /'paɲi/ 'mʲɛva?]

Mi chiamo … | **Mam na imię …**
[mam na 'imʲiɛ …]

Si chiama … (m) | **On ma na imię …**
['ɔn ma na 'imʲiɛ …]

Si chiama … (f) | **Ona ma na imię …**
['ɔna ma na 'imʲiɛ …]

Come si chiama? | **Jak pan /pani/ ma na imię?**
['jak pan /'paɲi/ ma na 'imʲiɛ?]

Come si chiama lui? | **Jak on ma na imię?**
['jak 'ɔn ma na 'imʲiɛ?]

Come si chiama lei? | **Jak ona ma na imię?**
['jak 'ɔna ma na 'imʲiɛ?]

Qual'è il suo cognome? | **Jak pan /pani/ się nazywa?**
['jak pan /'paɲi/ ɕiɛ na'zɨva?]

Può chiamarmi … | **Może się pan /pani/ do mnie zwracać …**
['mɔʒɛ ɕiɛ pa'n /paɲi/ dɔ 'mɲɛ 'zvratsatɕ …]

Da dove viene? | **Skąd pan /pani/ jest?**
['skɔnt pan /'paɲi/ 'jɛst?]

Vengo da … | **Pochodzę z …**
[pɔ'xɔdzɛ s …]

Che lavoro fa? | **Czym się pan /pani/ zajmuje?**
['tʃɨm ɕiɛ pan /'paɲi/ zaj'mujɛ?]

Chi è? | **Kto to jest?**
[ktɔ tɔ 'jɛst?]

Chi è lui? | **Kim on jest?**
['kʲim 'ɔn 'jɛst?]

Chi è lei?	**Kim ona jest?** ['kʲim 'ɔna 'jɛst?]
Chi sono loro?	**Kim oni są?** ['kʲim 'ɔɲi sɔ̃?]

Questo è ...	**To jest ...** [tɔ 'jɛst ...]
il mio amico	**mój przyjaciel** [muj pʃi'jatɕɛl]
la mia amica	**moja przyjaciółka** ['mɔja pʃija'tɕuwka]
mio marito	**mój mąż** [muj 'mɔ̃ʒ]
mia moglie	**moja żona** ['mɔja 'ʒɔna]

mio padre	**mój ojciec** [muj 'ɔjtɕɛts]
mia madre	**moja matka** ['mɔja 'matka]
mio fratello	**mój brat** [muj 'brat]
mia sorella	**moja siostra** ['mɔja 'ɕɔstra]
mio figlio	**mój syn** [muj 'sin]
mia figlia	**moja córka** ['mɔja 'tsurka]

Questo è nostro figlio.	**To jest nasz syn.** [tɔ 'jɛst 'naʃ 'sin]
Questa è nostra figlia.	**To jest nasza córka.** [tɔ 'jɛst 'naʃa 'tsurka]
Questi sono i miei figli.	**To moje dzieci.** [tɔ 'mɔjɛ 'dʑɛtɕi]
Questi sono i nostri figli.	**To nasze dzieci.** [tɔ 'naʃɛ 'dʑɛtɕi]

Saluti di commiato

Arrivederci!

Do widzenia!
[dɔ vⁱi'dzɛɲa!]

Ciao!

Cześć!
['ʧɛɕʨ!]

A domani.

Do zobaczenia jutro.
[dɔ zɔba'ʧɛɲa 'jutrɔ]

A presto.

Na razie.
[na 'razɛ]

Ci vediamo alle sette.

Do zobaczenia o siódmej.
[dɔ zɔba'ʧɛɲa ɔ 'ɕudmɛj]

Divertitevi!

Bawcie się dobrze!
['baftɕɛ ɕiɛ 'dɔbʒɛ!]

Ci sentiamo più tardi.

Do usłyszenia.
[dɔ uswɨ'ʃɛɲa]

Buon fine settimana.

Miłego weekendu.
[mⁱi'wɛgɔ vɛɛ'kɛndu]

Buona notte

Dobranoc.
[dɔ'branɔts]

Adesso devo andare.

Czas na mnie.
[ʧas na 'mɲɛ]

Devo andare.

Muszę iść.
['muʃɛ 'iɕʨ]

Torno subito.

Wracam za chwilę.
['vratsam za 'xvⁱilɛ]

È tardi.

Późno już.
['puʑnɔ 'juʒ]

Domani devo alzarmi presto.

Muszę wstać wcześnie.
['muʃɛ 'fstaʨ 'fʧɛɕɲɛ]

Parto domani.

Wyjeżdżam jutro.
[vⁱi'jɛʒdʒam 'jutrɔ]

Partiamo domani.

Wyjeżdżamy jutro.
[vⁱijɛʒ'dʒamɨ 'jutrɔ]

Buon viaggio!

Miłej podróży!
['mⁱiwɛj pɔ'druʑⁱi!]

È stato un piacere conoscerla.

Miło było pana /panią/ poznać.
['mⁱiwɔ 'bɨwɔ 'pana /'paɲiɔ̃/ 'poznaʨ]

È stato un piacere parlare con lei.

Miło się rozmawiało.
['mⁱiwɔ ɕiɛ rɔzma'vⁱawɔ]

Grazie di tutto.

Dziękuję za wszystko.
[dʑiɛɲ'kujɛ za 'fʃistkɔ]

Mi sono divertito.	**Dobrze się bawiłem /bawiłam/.** ['dɔbʒɛ ɕiɛ ba'vʲiwɛm /ba'vʲiwam/]
Ci siamo divertiti.	**Dobrze się bawiliśmy.** ['dɔbʒɛ ɕiɛ bavʲi'ʎiɕmi]
È stato straordinario.	**Było naprawdę świetne.** ['biwɔ na'pravdɛ 'ɕvʲɛtnɛ]
Mi mancherà.	**Będę tęsknić.** ['bɛndɛ 'tɛ̃skɲitɕ]
Ci mancherà.	**Będziemy tęsknić.** [bɛ'ndʑɛmi 'tɛ̃skɲitɕ]

Buona fortuna!	**Powodzenia!** [pɔvɔ'dzɛɲa!]
Mi saluti ...	**Pozdrów ...** ['pɔzdruf ...]

Lingua straniera

Non capisco.

Nie rozumiem.
[nɛ rɔ'zumʲɛm]

Può scriverlo, per favore.

Czy może pan /pani/ to napisać?
[ʧi 'mɔʒɛ pan /'paɲi/ tɔ na'pʲisaʨ?]

Parla ...?

Czy mówi pan /pani/ po ...?
[ʧi 'muvʲi pan /'paɲi/ pɔ ...?]

Parlo un po' ...

Mówię troszkę po ...
['muvʲiɛ 'trɔʃkɛ pɔ ...]

inglese

angielsku
[a'ngʲɛlsku]

turco

turecku
[tu'rɛtsku]

arabo

arabsku
[a'rapsku]

francese

francusku
[fran'tsusku]

tedesco

niemiecku
[ɲɛ'mʲɛtsku]

italiano

włosku
['vwɔsku]

spagnolo

hiszpańsku
[xi'ʃpaɲsku]

portoghese

portugalsku
[pɔrtu'galsku]

cinese

chińsku
['xiɲsku]

giapponese

japońsku
[ja'pɔɲsku]

Può ripetere, per favore.

Czy może pan /pani/ powtórzyć?
[ʧi 'mɔʒɛ pan /'paɲi/ pɔ'ftuʒiʨ?]

Capisco.

Rozumiem.
[rɔ'zumʲɛm]

Non capisco.

Nie rozumiem.
[nɛ rɔ'zumʲɛm]

Può parlare più piano, per favore.

Proszę mówić wolniej.
['prɔʃɛ 'muvʲiʨ 'vɔlɲɛj]

È corretto?

Czy jest poprawne?
[ʧi 'jɛst pɔ'pravnɛ?]

Cos'è questo? (Cosa significa?)

Co to znaczy?
['tsɔ tɔ 'znaʧi?]

Chiedere scusa

Mi scusi, per favore.	**Przepraszam.** [pʃɛ'praʃam]
Mi dispiace.	**Przepraszam.** [pʃɛ'praʃam]
Mi dispiace molto.	**Bardzo przepraszam.** ['bardzɔ pʃɛ'praʃam]
Mi dispiace, è colpa mia.	**Przepraszam, to moja wina.** [pʃɛ'praʃam, tɔ 'mɔja 'vina]
È stato un mio errore.	**Mój błąd.** [muj 'bwɔnt]

Posso ...?	**Czy mogę ...?** [tʃɨ 'mɔgɛ ...?]
Le dispiace se ...?	**Czy ma pan /pani/ coś przeciwko gdybym ...?** [tʃɨ ma pan /'paɲi/ 'tsɔɕ pʃɛ'tɕifkɔ 'gdɨbɨm ...?]
Non fa niente.	**Nic się nie stało.** ['ɲits ɕiɛ ɲɛ 'stawɔ]
Tutto bene.	**Wszystko w porządku.** ['fʃɨstkɔ f pɔ'ʒɔntku]
Non si preoccupi.	**Nic nie szkodzi.** ['ɲits ɲɛ 'ʃkɔdʑi]

Essere d'accordo

Sì. **Tak.**
[tak]

Sì, certo. **Tak, oczywiście.**
[tak, ɔtʃi'vʲiɕtɕɛ]

Bene. **Dobrze!**
['dɔbʒɛ!]

Molto bene. **Bardzo dobrze.**
['bardzɔ 'dɔbʒɛ]

Certamente! **Oczywiście!**
[ɔtʃi'vʲiɕtɕɛ!]

Sono d'accordo. **Zgadzam się.**
['zgadzam ɕiɛ]

Esatto. **Dokładnie tak.**
[dɔ'kwadɲɛ 'tak]

Giusto. **Zgadza się.**
['zgadza ɕiɛ]

Ha ragione. **Ma pan /pani/ rację.**
[ma pan /'paɲi/ 'ratsjɛ]

È lo stesso. **Nie mam nic przeciwko.**
[ɲɛ 'mam 'ɲits pʃɛ'tɕifkɔ]

È assolutamente corretto. **Bardzo poprawnie.**
['bardzɔ pɔ'pravɲɛ]

È possibile. **To możliwe.**
[tɔ mɔ'ʒʎivɛ]

È una buona idea. **To dobry pomysł.**
[tɔ 'dɔbrɨ 'pɔmɨs]

Non posso dire di no. **Nie mogę odmówić.**
[ɲɛ 'mɔgɛ ɔ'dmuvʲitɕ]

Ne sarei lieto /lieta/. **Z radością.**
[z ra'dɔɕtɕiɔ̃]

Con piacere. **Z przyjemnością.**
[s pʃijɛ'mnɔɕtɕiɔ̃]

Diniego. Esprimere incertezza

No.	**Nie.** [ɲɛ]
Sicuramente no.	**Z pewnością nie.** [s pɛ'vnɔɕtɕiɔ̃ 'ɲɛ]
Non sono d'accordo.	**Nie zgadzam się.** [ɲɛ 'zgadzam ɕiɛ]
Non penso.	**Nie wydaje mi się.** [ɲɛ vɨ'dajɛ mʲi ɕiɛ]
Non è vero.	**To nie prawda.** [tɔ ɲɛ 'pravda]

Si sbaglia.	**Nie ma pan /pani/ racji.** [ɲɛ ma pan /'paɲi/ 'ratsji]
Penso che lei si stia sbagliando.	**Myślę że nie ma pan /pani/ racji.** ['mɨɕlɛ ʒɛ ɲɛ ma pan /'paɲi/ 'ratsji]
Non sono sicuro.	**Nie jestem pewien /pewna/.** [ɲɛ 'jɛstɛm 'pɛvʲɛn /'pɛvna/]
È impossibile.	**To niemożliwe.** [tɔ ɲɛmɔ'ʒʎivɛ]
Assolutamente no!	**Nic podobnego!** ['ɲits pɔdɔ'bnɛgɔ!]

Esattamente il contrario!	**Dokładnie odwrotnie.** [dɔ'kwadɲɛ ɔ'dvrɔtɲɛ]
Sono contro.	**Nie zgadzam się.** [ɲɛ 'zgadzam ɕiɛ]
Non m'interessa.	**Wszystko mi jedno.** ['ffistkɔ mʲi 'jɛdnɔ]
Non ne ho idea.	**Nie mam pojęcia.** [ɲɛ 'mam pɔ'jɛntɕa]
Dubito che sia così.	**Wątpię w to.** ['vɔntpʲiɛ f 'tɔ]

Mi dispiace, non posso.	**Przepraszam, nie mogę.** [pʃɛ'praʃam, ɲɛ 'mɔgɛ]
Mi dispiace, non voglio.	**Przepraszam, nie chcę.** [pʃɛ'praʃam, ɲɛ 'xtsɛ]

Non ne ho bisogno, grazie.	**Dziękuję, ale nie potrzebuję tego.** [dʑiɛɲ'kujɛ, 'alɛ ɲɛ pɔtʃɛ'bujɛ 'tɛgɔ]
È già tardi.	**Robi się późno.** ['rɔbʲi ɕiɛ 'puʑnɔ]

Devo alzarmi presto.

Muszę wstać wcześnie.
['muʃɛ 'fstatɕ 'ftʃɛɕɲɛ]

Non mi sento bene.

Źle się czuję.
[ʑlɛ ɕiɛ 'tʃujɛ]

Esprimere gratitude

Grazie.

Grazie mille.

Le sono riconoscente.

Le sono davvero grato.

Le siamo davvero grati.

Dziękuję.
[dʑiɛŋ'kujɛ]

Dziękuję bardzo.
[dʑiɛŋ'kujɛ 'bardzɔ]

Naprawdę to doceniam.
[na'pravdɛ tɔ dɔ'tsɛɲam]

Jestem naprawdę wdzięczny /wdzięczna/.
['jɛstɛm na'pravdɛ 'vdʑiɛntʃɲi /'vdʑiɛntʃna/]

Jesteśmy naprawdę wdzięczni.
[jɛs'tɛɕmi na'pravdɛ 'vdʑiɛntʃɲi]

Grazie per la sua disponibilità.

Grazie di tutto.

Grazie per ...

il suo aiuto

il bellissimo tempo

Dziękuję za poświęcony czas.
[dʑiɛŋ'kujɛ za pɔɕvʲiɛn'tsɔɲi 'tʃas]

Dziękuję za wszystko.
[dʑiɛŋ'kujɛ za 'fʃistkɔ]

Dziękuję za ...
[dʑiɛŋ'kujɛ za ...]

pańską pomoc
['paɲskõ 'pɔmɔts]

miłe chwile
['mʲiwɛ 'xvʲilɛ]

il delizioso pranzo

la bella serata

la bella giornata

la splendida gita

doskonałą potrawę
[dɔskɔ'nawõ pɔ'travɛ]

miły wieczór
['mʲiwi 'vʲetʃur]

wspaniały dzień
[fspa'ɲawi 'dʑɛɲ]

miła podróż
['mʲiwa 'pɔdruʒ]

Non c'è di che.

Prego.

Con piacere.

È stato un piacere.

Nie ma za co.
[ɲɛ ma za 'tsɔ]

Proszę.
['prɔʃɛ]

Zawsze do usług.
['zafʃɛ dɔ 'uswuk]

Cała przyjemność po mojej stronie.
[tsawa pʃi'jɛmnɔɕtɕ pɔ 'mɔjɛj 'strɔɲɛ]

Non ci pensi neanche.

Nie ma o czy mówić.
[ɲɛ ma ɔ ʧi 'muvʲiʨ]

Non si preoccupi.

Nic nie szkodzi.
['ɲits ɲɛ 'ʃkɔʤi]

Congratulazioni. Auguri

Congratulazioni!	**Gratulacje!** [gratu'latsjɛ!]
Buon compleanno!	**Wszystkiego najlepszego** **z okazji urodzin!** [fʃɨ'stkʲɛgɔ najlɛ'pʃɛgɔ z ɔ'kazji u'rɔdʑin!]
Buon Natale!	**Wesołych Świąt!** [vɛ'sɔwɨx 'ɕvʲiɔnt!]
Felice Anno Nuovo!	**Szczęśliwego Nowego Roku!** [ʃtʃɛ̃ɕlʲi'vɛgɔ nɔ'vɛgɔ 'rɔku!]

Buona Pasqua!	**Wesołych Świąt Wielkanocnych!** [vɛ'sɔwɨx 'ɕvʲiɔnt vʲɛlka'nɔtsnɨx!]
Felice Hanukkah!	**Szczęśliwego Chanuka!** [ʃtʃɛ̃ɕlʲi'vɛgɔ 'xanuka!]

Vorrei fare un brindisi.	**Chciałbym wznieść toast.** ['xtɕawbɨm 'vznʲɛɕtɕ 'tɔast]
Salute!	**Na zdrowie!** [na 'zdrɔvʲɛ!]
Beviamo a …!	**Wypijmy za …!** [vɨ'pʲijmɨ za …!]
Al nostro successo!	**Za naszą pomyślność!** [za 'naʃɔ̃ pɔ'mɨɕlnɔɕtɕ!]
Al suo successo!	**Za Państwa pomyślność!** [za 'paɲstfa pɔ'mɨɕlnɔɕtɕ!]

Buona fortuna!	**Powodzenia!** [pɔvɔ'dzɛɲa!]
Buona giornata!	**Miłego dnia!** ['mʲiwɛgɔ 'dɲa!]
Buone vacanze!	**Miłych wakacji!** ['mʲiwɨx va'katsji!]
Buon viaggio!	**Bezpiecznej podróży!** [bɛ'spʲetʃnɛj pɔ'druʒɨ!]
Spero guarisca presto!	**Szybkiego powrotu do zdrowia!** [ʃɨ'pkʲɛgɔ pɔ'vrɔtu dɔ 'zdrɔvʲa!]

Socializzare

Perchè è triste?	**Dlaczego jest pani smutna?** [dla'tʃɛgɔ 'jɛst 'paɲi 'smutna?]
Sorrida!	**Proszę się uśmiechnąć, głowa do góry!** ['prɔʃɛ ɕiɛ u'ɕmʲɛxnɔntɕ, 'gwɔva dɔ 'gurɨ!]
È libero stasera?	**Czy ma pani czas dzisiaj wieczorem?** [tʃɨ ma 'paɲi 'tʃaz 'dʑiɕaj vʲɛ'tʃɔrɛm?]
Posso offrirle qualcosa da bere?	**Czy mogę zaproponować pani drinka?** [tʃɨ 'mɔgɛ zaprɔpɔ'nɔvatɕ 'paɲi 'drinka?]
Vuole ballare?	**Czy mogę prosić do tańca?** [tʃɨ 'mɔgɛ 'prɔɕitɕ dɔ 'taɲtsa?]
Andiamo al cinema.	**Może pójdziemy do kina?** ['mɔʒɛ pu'jdʑɛmɨ dɔ 'kʲina?]
Posso invitarla …?	**Czy mogę zaprosić pani …?** [tʃɨ 'mɔgɛ za'prɔɕitɕ 'paɲi …?]
al ristorante	**do restauracji** [dɔ rɛsta'wratsji]
al cinema	**do kina** [dɔ 'kʲina]
a teatro	**do teatru** [dɔ tɛ'atru]
a fare una passeggiata	**na spacer** [na 'spatsɛr]
A che ora?	**O której godzinie?** [ɔ 'kturɛj gɔ'dʑinɛ?]
stasera	**dziś wieczorem** ['dʑiɕ vʲɛ'tʃɔrɛm]
alle sei	**o szóstej** [ɔ 'ʃustɛj]
alle sette	**o siódmej** [ɔ 'ɕudmɛj]
alle otto	**o ósmej** [ɔ 'usmɛj]
alle nove	**o dziewiątej** [ɔ dʑɛ'vʲiɔntɛj]
Le piace qui?	**Czy podoba się panu /pani/ tutaj?** [tʃɨ pɔ'dɔba ɕiɛ 'panu /'paɲi/ 'tutaj?]
È qui con qualcuno?	**Czy jest tu pani z kimś?** [tʃɨ 'jɛst tu 'paɲi s 'kʲimɕ?]

Sono con un amico /una amica/.	**Jestem z przyjacielem /przyjaciółką/.** ['jɛstɛm s pʃija'tɕɛlɛm /pʃija'tɕuwkõ/]
Sono con i miei amici.	**Jestem z przyjaciółmi.** ['jɛstɛm s pʃija'tɕuwmʲi]
No, sono da solo /sola/.	**Nie, jestem sam /sama/.** [ɲɛ, 'jɛstɛm 'sam /'sama/]

Hai il ragazzo?	**Czy masz chłopaka?** [tʃi 'maʃ xwɔ'paka?]
Ho il ragazzo.	**Mam chłopaka.** [mam xwɔ'paka]
Hai la ragazza?	**Czy masz dziewczynę?** [tʃi 'maʃ dʑɛ'ftʃinɛ?]
Ho la ragazza.	**Mam dziewczynę.** [mam dʑɛ'ftʃinɛ]

Posso rivederti?	**Czy mogę cię jeszcze zobaczyć?** [tʃi 'mɔgɛ tɕiɛ 'jɛʃtʃɛ zɔ'batʃitɕ?]
Posso chiamarti?	**Czy mogę do ciebie zadzwonić?** [tʃi 'mɔgɛ dɔ 'tɕɛbʲɛ za'dzvɔɲitɕ?]
Chiamami.	**Zadzwoń do mnie.** ['zadzvɔɲ dɔ 'mɲɛ]
Qual'è il tuo numero?	**Jaki masz numer?** ['jakʲi 'maʃ 'numɛr?]
Mi manchi.	**Tęsknię za Tobą.** ['tɛ̃skɲiɛ za 'tɔbõ]

Ha un bel nome.	**Ma pan /pani/ piękne imię.** [ma pan /'paɲi/ 'pʲiɛŋknɛ 'imʲiɛ]
Ti amo.	**Kocham cię.** ['kɔxam tɕiɛ]
Mi vuoi sposare?	**Czy wyjdziesz za mnie?** [tʃi 'vijdʑɛʃ za 'mɲɛ?]
Sta scherzando!	**Żartuje pan /pani/!** [ʒar'tujɛ pan /'paɲi/!]
Sto scherzando.	**Żartuję.** [ʒar'tujɛ]

Lo dice sul serio?	**Czy mówi pan /pani/ poważnie?** [tʃi 'muvʲi pan /'paɲi/ pɔ'vaʒɲɛ?]
Sono serio.	**Mówię poważnie.** ['muvʲiɛ pɔ'vaʒɲɛ]
Davvero?!	**Naprawdę?!** [na'pravdɛ?!]
È incredibile!	**To niemożliwe!** [tɔ ɲɛmɔ'ʒʎivɛ!]
Non le credo.	**Nie wierzę.** [ɲɛ 'vʲɛʒɛ]
Non posso.	**Nie mogę.** [ɲɛ 'mɔgɛ]
No so.	**Nie wiem.** [ɲɛ 'vʲɛm]

Non la capisco.	**Nie rozumiem.** [ɲɛ rɔ'zumʲɛm]
Per favore, vada via.	**Proszę odejść.** ['prɔʃɛ 'ɔdɛjɕtɕ]
Mi lasci in pace!	**Proszę zostawić mnie w spokoju!** ['prɔʃɛ zɔ'stavʲitɕ 'mɲɛ f spɔ'kɔju!]

Non lo sopporto.	**Nie znoszę go.** [ɲɛ 'znɔʃɛ 'gɔ]
Lei è disgustoso!	**Jest pan obrzydliwy!** ['jɛst pan ɔbʒɨ'dʎivi!]
Chiamo la polizia!	**Zadzwonię po policję!** [za'dzvɔɲɛ pɔ pɔ'ʎitsjɛ!]

Comunicare impressioni ed emozioni

Mi piace.	**Podoba mi się to.** [po'dɔba mʲi ɕɛ 'tɔ]
Molto carino.	**Bardzo ładne.** ['bardzɔ 'wadnɛ]
È formidabile!	**Wspaniale!** [fspa'ɲalɛ!]
Non è male.	**Nieźle.** ['ɲɛʑlɛ]

Non mi piace.	**Nie podoba mi się to.** [ɲɛ pɔ'dɔba mʲi ɕɛ 'tɔ]
Non è buono.	**Nieładnie.** [ɲɛ'wadɲɛ]
È cattivo.	**To jest złe.** [tɔ 'jɛsd 'zwɛ]
È molto cattivo.	**To bardzo złe.** [tɔ 'bardzɔ 'zwɛ]
È disgustoso.	**To obrzydliwe.** [tɔ ɔbʒɨ'dʎivɛ]

Sono felice.	**Jestem szczęśliwy /szczęśliwa/.** ['jɛstɛm ʃʧɛ'ɕʎivi /ʃʧɛ'ɕʎiva/]
Sono contento /contenta/.	**Jestem zadowolony /zadowolona/.** ['jɛstɛm zadɔvɔ'lɔnɨ /zadɔvɔ'lɔna/]
Sono innamorato /innamorata/.	**Jestem zakochany /zakochana/.** ['jɛstɛm zakɔ'xanɨ /zakɔ'xana/]
Sono calmo.	**Jestem spokojny /spokojna/.** ['jɛstɛm spɔ'kɔjnɨ /spɔ'kɔjna/]
Sono annoiato.	**Jestem znudzony /znudzona/.** ['jɛstɛm znu'dzɔnɨ /znu'dzɔna/]

Sono stanco /stanca/.	**Jestem zmęczony /zmęczona/.** ['jɛstɛm zmɛ'nʧɔnɨ /zmɛ'nʧɔna/]
Sono triste.	**Jestem smutny /smutna/.** ['jɛstɛm 'smutnɨ /'smutna/]
Sono spaventato.	**Jestem przestraszony /przestraszona/.** ['jɛstɛm pʃɛstra'ʃɔnɨ /pʃɛstra'ʃɔna/]
Sono arrabbiato /arrabiata/.	**Jestem zły /zła/.** ['jɛstɛm 'zwɨ /'zwa/]
Sono preoccupato /preoccupata/.	**Martwię się.** ['martfiɛ ɕɛ]

Sono nervoso /nervosa/.

Jestem zdenerwowany /zdenerwowana/.
['jɛstɛm zdɛnɛrvɔ'vani /zdɛnɛrvɔ'vana/]

Sono geloso /gelosa/.

Jestem zazdrosny /zazdrosna/.
['jɛstɛm za'zdrɔsni /za'zdrɔsna/]

Sono sorpreso /sorpresa/.

Jestem zaskoczony /zaskoczona/.
['jɛstɛm zaskɔ'tʃɔni /zaskɔ'tʃɔna/]

Sono perplesso.

Jestem zakłopotany /zakłopotana/.
['jɛstɛm zakwɔpɔ'tani /zakwɔpɔ'tana/]

Problemi. Incidenti

Ho un problema.	**Mam problem.** [mam 'prɔblɛm]
Abbiamo un problema.	**Mamy problem.** ['mamɨ 'prɔblɛm]
Sono perso /persa/.	**Zgubiłem /Zgubiłam/ się.** [zgu'bʲiwɛm /zgu'bʲiwam/ ɕiɛ]
Ho perso l'ultimo autobus (treno).	**Uciekł mi ostatni autobus (pociąg).** ['utɕɛk mʲi ɔ'statɲi aw'tɔbus ('pɔtɕiɔŋk)]
Non ho più soldi.	**Nie mam ani grosza.** [ɲɛ 'mam 'aɲi 'grɔʃa]

Ho perso ...	**Zgubiłem /Zgubiłam/ ...** [zgu'bʲiwɛm /zgu'bʲiwam/ ...]
Mi hanno rubato ...	**Ktoś ukradł ...** ['ktɔɕ 'ukrat ...]
il passaporto	**mój paszport** [muj 'paʃpɔrt]
il portafoglio	**mój portfel** [muj 'pɔrtfɛl]
i documenti	**moje dokumenty** ['mɔjɛ dɔku'mɛntɨ]
il biglietto	**mój bilet** [muj 'bʲilɛt]

i soldi	**moje pieniądze** ['mɔjɛ pʲɛ'ɲiɔndzɛ]
la borsa	**moje torebkę** ['mɔjɛ tɔ'rɛpkɛ]
la macchina fotografica	**mój aparat fotograficzny** [muj a'parat fɔtɔgra'fiʧnɨ]
il computer portatile	**mój laptop** [muj 'laptɔp]
il tablet	**mój tablet** [muj 'tablɛt]
il telefono cellulare	**mój telefon** [muj tɛ'lefɔn]

Aiuto!	**Pomocy!** [pɔ'mɔtsɨ!]
Che cosa è successo?	**Co się stało?** ['tsɔ ɕiɛ 'stawɔ?]
fuoco	**pożar** ['pɔʒar]

sparatoria	**strzał** [ˈstʃaw]
omicidio	**morderca** [mɔrˈdɛrtsa]
esplosione	**wybuch** [ˈvɨbux]
rissa	**bójka** [ˈbujka]

Chiamate la polizia!	**Proszę zadzwonić na policję!** [ˈprɔʃɛ zaˈdzvɔɲitɕ na pɔˈʎitsjɛ!]
Per favore, faccia presto!	**Proszę się pospieszyć!** [ˈprɔʃɛ ɕɛ pɔˈspʲɛʃɨtɕ!]
Sto cercando la stazione di polizia.	**Szukam komendy policji.** [ˈʃukam kɔˈmɛndɨ pɔˈʎitsji]
Devo fare una telefonata.	**Muszę zadzwonić.** [ˈmuʃɛ zaˈdzvɔɲitɕ]
Posso usare il suo telefono?	**Czy mogę skorzystać z telefonu?** [tʃɨ ˈmɔgɛ skɔˈʒɨstatɕ s tɛlɛˈfɔnu?]

Sono stato /stata/ …	**Zostałem /Zostałam/ …** [zɔˈstawɛm /zɔˈstawam/ …]
aggredito /aggredita/	**obrabowany /obrabowana/** [ɔbrabɔˈvanɨ /ɔbrabɔˈvana/]
derubato /derubata/	**okradziony /okradziona/** [ɔkraˈdzɔnɨ /ɔkraˈdzɔna/]
violentata	**zgwałcona** [zɡvaˈwtsɔna]
assalito /assalita/	**pobity /pobita/** [pɔˈbʲitɨ /pɔˈbʲita/]

Lei sta bene?	**Czy wszystko w porządku?** [tʃɨ ˈfʃɨstkɔ f pɔˈʒɔntku?]
Ha visto chi è stato?	**Czy widział pan /widziała pani/ kto to był?** [tʃɨ ˈvʲidzaw pan /vʲiˈdzawa ˈpaɲi/ ˈktɔ tɔ ˈbɨw?]
È in grado di riconoscere la persona?	**Czy może pan /pani/ rozpoznać sprawcę?** [tʃɨ ˈmɔʒɛ pan /ˈpaɲi/ rɔˈspoznatɕ ˈspraftsɛ?]
È sicuro?	**Jest pan pewny /pani pewna/?** [ˈjɛst pan ˈpɛvnɨ /ˈpaɲi ˈpɛvna/?]

Per favore, si calmi.	**Proszę się uspokoić.** [ˈprɔʃɛ ɕɛ uspɔˈkɔitɕ]
Si calmi!	**Spokojnie!** [spɔˈkɔjɲɛ!]
Non si preoccupi.	**Proszę się nie martwić!** [ˈprɔʃɛ ɕɛ ɲɛ ˈmartfitɕ!]
Andrà tutto bene.	**Wszystko będzie dobrze.** [ˈfʃɨstkɔ ˈbɛndʒɛ ˈdɔbʒɛ]

Va tutto bene.	**Wszystko jest w porządku.** [ffistkɔ 'jɛsd f pɔ'ʒɔntku]
Venga qui, per favore.	**Proszę tu podejść.** ['prɔʃɛ tu 'pɔdɛjɕtɕ]
Devo porle qualche domanda.	**Mam kilka pytań.** [mam 'kʲiʎka 'pitaɲ]
Aspetti un momento, per favore.	**Proszę chwilę zaczekać.** ['prɔʃɛ 'xvʲilɛ za'tʃɛkatɕ]
Ha un documento d'identità?	**Czy ma pan /pani/ dowód tożsamości?** [tʃi ma pan /'paɲi/ 'dɔvut tɔʃsa'mɔɕtɕi?]
Grazie. Può andare ora.	**Dziękuję. Może pan /pani/ odejść.** [dʑiɛɲ'kujɛ. 'mɔʒɛ pan /'paɲi/ 'ɔdɛjɕtɕ]
Mani dietro la testa!	**Ręce za głowę!** ['rɛntsɛ za 'gwɔvɛ!]
È in arresto!	**Jest pan aresztowany /pani aresztowana/!** ['jɛst pan arɛʃtɔ'vani /'paɲi arɛʃtɔ'vana/!]

Problemi di salute

Mi può aiutare, per favore.	**Proszę mi pomóc.** ['prɔʃɛ mʲi 'pɔmuts]
Non mi sento bene.	**Źle się czuję.** [ʑlɛ ɕiɛ 'ʧujɛ]
Mio marito non si sente bene.	**Mój mąż nie czuje się dobrze.** [muj 'mɔ̃ʒ ɲɛ 'ʧujɛ ɕiɛ 'dɔbʒɛ]
Mio figlio …	**Mój syn …** [muj 'sɨn …]
Mio padre …	**Mój ojciec …** [muj 'ɔjʨɛts …]

Mia moglie non si sente bene.	**Moja żona nie czuje się dobrze.** ['mɔja 'ʒɔna ɲɛ 'ʧujɛ ɕiɛ 'dɔbʒɛ]
Mia figlia …	**Moja córka …** ['mɔja 'tsurka …]
Mia madre …	**Moja matka …** ['mɔja 'matka …]

Ho mal di …	**Boli mnie …** ['bɔʎi 'mɲɛ …]
testa	**głowa** ['gwɔva]
gola	**gardło** ['gardwɔ]
pancia	**brzuch** ['bʒux]
denti	**ząb** ['zɔmp]

Mi gira la testa.	**Kręci mi się w głowie.** ['krɛnʨi mʲi ɕiɛ v 'gwɔvʲɛ]
Ha la febbre. (m)	**On ma gorączkę.** [ɔn ma gɔ'rɔnʧkɛ]
Ha la febbre. (f)	**Ona ma gorączkę.** ['ɔna ma gɔ'rɔnʧkɛ]
Non riesco a respirare.	**Nie mogę oddychać.** [ɲɛ 'mɔgɛ ɔ'ddɨxaʨ]

Mi manca il respiro.	**Mam krótki oddech.** [mam 'krutkʲi 'ɔddɛx]
Sono asmatico.	**Jestem astmatykiem.** ['jɛstɛm astma'tɨkʲɛm]
Sono diabetico /diabetica/.	**Jestem diabetykiem.** ['jɛstɛm diabɛ'tɨkʲɛm]

Soffro d'insonnia.

Mam problemy ze snem.
[mam prɔ'blɛmɨ zɛ 'snɛm]

intossicazione alimentare

Zatrułem się jedzeniem
[za'truwɛm ɕiɛ jɛ'dzɛɲɛm]

Fa male qui.

Boli mnie tu.
['bɔʎi 'mɲɛ 'tu]

Mi aiuti!

Pomocy!
[pɔ'mɔtsi!]

Sono qui!

Jestem tu!
['jɛstɛm 'tu!]

Siamo qui!

Tu jesteśmy!
[tu jɛ'stɛɕmɨ!]

Mi tiri fuori di qui!

Wyjmijcie mnie stąd!
[vɨ'jmⁱijtɕɛ 'mɲɛ 'stɔnt!]

Ho bisogno di un dottore.

Potrzebuję lekarza.
[pɔtʃɛ'bujɛ lɛ'kaʒa]

Non riesco a muovermi.

Nie mogę się ruszać.
[ɲɛ 'mɔgɛ ɕiɛ 'ruʃatɕ]

Non riesco a muovere le gambe.

Nie mogę się ruszać nogami.
[ɲɛ 'mɔgɛ ɕiɛ 'ruʃatɕ nɔ'gamⁱi]

Ho una ferita.

Jestem ranny /ranna/.
['jɛstɛm 'rannɨ /'ranna/]

È grave?

Czy to poważne?
[tʃɨ tɔ pɔ'vaʒnɛ?]

I miei documenti sono in tasca.

Moje dokumenty są w kieszeni.
['mɔjɛ dɔku'mɛntɨ 'sɔ f kⁱɛ'ʃɛɲi]

Si calmi!

Proszę się uspokoić.
['prɔʃɛ ɕiɛ uspɔ'kɔitɕ]

Posso usare il suo telefono?

Czy mogę skorzystać z telefonu?
[tʃɨ 'mɔgɛ skɔ'ʒistatɕ s tɛle'fɔnu?]

Chiamate l'ambulanza!

Proszę wezwać karetkę!
['prɔʃɛ 'vɛzvatɕ ka'rɛtkɛ!]

È urgente!

To pilne!
[tɔ 'pⁱilnɛ!]

È un'emergenza!

To nagłe!
[tɔ 'nagwɛ!]

Per favore, faccia presto!

Proszę się pospieszyć!
['prɔʃɛ ɕiɛ pɔ'spⁱɛʃitɕ!]

Per favore, chiamate un medico.

**Czy może pan /pani/
zadzwonić po lekarza?**
[tʃɨ 'mɔʒɛ pan /'paɲi/
za'dzvɔɲitɕ pɔ lɛ'kaʒa?]

Dov'è l'ospedale?

Gdzie jest szpital?
[gdʑɛ 'jɛst ʃpⁱi'tal?]

Come si sente?

Jak się pan /pani/ czuje?
['jak ɕiɛ pan /'paɲi/ 'tʃujɛ?]

Sta bene?

Czy wszystko w porządku?
[tʃɨ 'fʃistkɔ f pɔ'ʒɔntku?]

Che cosa è successo?	**Co się stało?** ['tsɔ ɕɛ 'stawɔ?]
Mi sento meglio ora.	**Czuję się już lepiej.** ['tʃujɛ ɕɛ 'juʒ 'lɛpʲɛj]
Va bene.	**W porządku.** [f pɔ'ʒɔntku]
Va tutto bene.	**Wszystko w porządku.** ['fʃistkɔ f pɔ'ʒɔntku]

In farmacia

farmacia	**apteka** [a'ptɛka]
farmacia di turno	**apteka całodobowa** [a'ptɛka tsawɔdɔ'bova]
Dov'è la farmacia più vicina?	**Gdzie jest najbliższa apteka?** [gdʑɛ 'jɛst najb'ʎiʃʃa a'ptɛka?]

È aperta a quest'ora?	**Czy jest teraz otwarta?** [tʃɨ 'jɛst 'tɛraz ɔ'tfarta?]
A che ora apre?	**Od której jest czynne?** [ɔt 'kturɛj 'jɛst 'tʃɨnnɛ?]
A che ora chiude?	**Do której jest czynne?** [dɔ 'kturɛj 'jɛst 'tʃɨnnɛ?]

È lontana?	**Czy to daleko?** [tʃɨ tɔ da'lɛkɔ?]
Posso andarci a piedi?	**Czy mogę tam dojść pieszo?** [tʃɨ 'mɔgɛ tam 'dɔjɕtɕ 'pʲɛʃɔ?]
Può mostrarmi sulla piantina?	**Czy może mi pan /pani/ pokazać na mapie?** [tʃɨ 'mɔʒɛ mʲi pan /'paɲi/ pɔ'kazatɕ na 'mapʲɛ?]

Per favore, può darmi qualcosa per ...	**Proszę coś na ...** ['prɔʃɛ 'tsɔɕ na ...]
il mal di testa	**ból głowy** [bul 'gwɔvɨ]
la tosse	**kaszel** ['kaʃɛl]
il raffreddore	**przeziębienie** [pʃɛʑiɛm'bʲɛɲɛ]
l'influenza	**grypę** ['grɨpɛ]

la febbre	**gorączkę** [gɔ'rɔntʃkɛ]
il mal di stomaco	**ból brzucha** [bul 'bʒuxa]
la nausea	**nudności** [nu'dnɔɕtɕi]
la diarrea	**rozwolnienie** [rɔzvɔ'lɲɛɲɛ]
la costipazione	**zatwardzenie** [zatfar'dzɛɲɛ]

mal di schiena	**ból pleców** [bul 'plɛtsuf]
dolore al petto	**ból w klatce piersiowej** [bul f 'klattsɛ pʲɛ'rɕɔvɛj]
fitte al fianco	**kolkę** ['kɔʎkɛ]
dolori addominali	**ból brzucha** [bul 'bʒuxa]

pastiglia	**tabletka** [ta'blɛtka]
pomata	**maść** ['maɕtɕ]
sciroppo	**syrop** ['sɨrɔp]
spray	**spray** ['sprai̯]
gocce	**drażetki** [dra'ʒɛtkʲi]

Deve andare in ospedale.	**Musi pan /pani/ iść do szpitala.** ['muɕi pan /'paɲi/ 'iɕtɕ dɔ ʃpʲi'tala]
assicurazione sanitaria	**polisa na życie** [pɔ'ʎisa na 'ʒɨtɕɛ]
prescrizione	**recepta** [rɛ'tsɛpta]
insettifugo	**środek na owady** ['ɕrɔdɛk na ɔ'vadi̯]
cerotto	**plaster** ['plastɛr]

Il minimo indispensabile

Mi scusi, ...	**Przepraszam, ...** [pʃɛ'praʃam, ...]
Buongiorno.	**Witam.** ['vʲitam]
Grazie.	**Dziękuję.** [dʑiɛŋ'kujɛ]
Arrivederci.	**Do widzenia.** [dɔ vʲi'dzɛɲa]
Sì.	**Tak.** [tak]
No.	**Nie.** [ɲɛ]
Non lo so.	**Nie wiem.** [ɲɛ 'vʲɛm]
Dove? | Dove? (~ stai andando?) | Quando?	**Gdzie? | Dokąd? | Kiedy?** [gdʑɛ? | 'dɔkɔnt? | 'kʲɛdi?]
Ho bisogno di ...	**Potrzebuję ...** [pɔtʃɛ'bujɛ ...]
Voglio ...	**Chcę ...** ['xtsɛ ...]
Avete ...?	**Czy jest ...?** [tʃi 'jɛst ...?]
C'è un /una/ ... qui?	**Czy jest tutaj ...?** [tʃi 'jɛst 'tutaj ...?]
Posso ...?	**Czy mogę ...?** [tʃi 'mɔgɛ ...?]
per favore	**..., poproszę** [..., pɔ'prɔʃɛ]
Sto cercando ...	**Szukam ...** ['ʃukam ...]
il bagno	**toalety** [tɔa'lɛti]
un bancomat	**bankomatu** [bankɔ'matu]
una farmacia	**apteki** [a'ptɛkʲi]
un ospedale	**szpitala** [ʃpʲi'tala]
la stazione di polizia	**komendy policji** [kɔ'mɛndi pɔ'ʎitsji]
la metro	**metra** ['mɛtra]

un taxi	**taksówki** [taˈksufkʲi]
la stazione (ferroviaria)	**dworca kolejowego** [ˈdvɔrtsa kɔlɛjɔˈvɛgɔ]

Mi chiamo ...	**Mam na imię ...** [mam na ˈimʲiɛ ...]
Come si chiama?	**Jak pan /pani/ ma na imię?** [ˈjak pan /ˈpaɲi/ ma na ˈimʲiɛ?]
Mi può aiutare, per favore?	**Czy może pan /pani/ mi pomóc?** [tʃi ˈmɔʒɛ pan /ˈpaɲi/ mʲi ˈpɔmuts?]
Ho un problema.	**Mam problem.** [mam ˈprɔblɛm]
Mi sento male.	**Źle się czuję.** [ʑlɛ ɕiɛ ˈtʃujɛ]
Chiamate l'ambulanza!	**Proszę wezwać karetkę!** [ˈprɔʃɛ ˈvɛzvatɕ kaˈrɛtkɛ!]
Posso fare una telefonata?	**Czy mogę zadzwonić?** [tʃi ˈmɔgɛ zaˈdzvɔɲitɕ?]

Mi dispiace.	**Przepraszam.** [pʃɛˈpraʃam]
Prego.	**Proszę bardzo.** [ˈprɔʃɛ ˈbardzɔ]

io	**ja** [ˈja]
tu	**ty** [ˈtɨ]
lui	**on** [ɔn]
lei	**ona** [ˈɔna]
loro (m)	**oni** [ˈɔɲi]
loro (f)	**one** [ˈɔnɛ]
noi	**my** [ˈmɨ]
voi	**wy** [ˈvɨ]
Lei	**pan /pani/** [pan /ˈpaɲi/]

ENTRATA	**WEJŚCIE** [ˈvɛjɕtɕɛ]
USCITA	**WYJŚCIE** [ˈvɨjɕtɕɛ]
FUORI SERVIZIO	**NIECZYNNY** [ɲɛˈtʃɨnnɨ]
CHIUSO	**ZAMKNIĘTE** [zaˈmkɲiɛntɛ]

APERTO	**OTWARTE**
	[ɔ'tfartɛ]
DONNE	**PANIE**
	['paɲɛ]
UOMINI	**PANOWIE**
	[pa'nɔvʲɛ]

VOCABOLARIO SUDDIVISO PER ARGOMENTI

Questa sezione contiene
più di 3.000 termini tra i più
importanti. Il dizionario sarà
un inestimabile aiuto durante
i vostri viaggi all'estero,
in quanto contiene termini
di uso quotidiano che
permetteranno di farvi capire
facilmente.
Il dizionario include un'utile
trascrizione fonetica per ogni
termine straniero

T&P Books Publishing

INDICE DEL DIZIONARIO

T&P Books Publishing

BOOKS

CONCETTI DI BASE

T&P Books Publishing

1. Pronomi

| io | ja | [ja] |
| tu | ty | [tɨ] |

lui	on	[ɔn]
lei	ona	['ɔna]
esso	ono	['ɔnɔ]

noi	my	[mɨ]
voi	wy	[vɨ]
loro	one	['ɔnɛ]

2. Saluti. Convenevoli

Salve!	Dzień dobry!	[dʒeɲ 'dɔbrɨ]
Buongiorno!	Dzień dobry!	[dʒeɲ 'dɔbrɨ]
Buongiorno! (la mattina)	Dzień dobry!	[dʒeɲ 'dɔbrɨ]
Buon pomeriggio!	Dzień dobry!	[dʒeɲ 'dɔbrɨ]
Buonasera!	Dobry wieczór!	[dɔbrɨ 'vetʃur]

salutare (vt)	witać się	['vitatʃ ɕɛ̃]
Ciao! Salve!	Cześć!	[tʃɛɕtʃ]
saluto (m)	pozdrowienia (l.mn.)	[pɔzdrɔ'veɲa]
salutare (vt)	witać	['vitatʃ]
Come sta? Come stai?	Jak się masz?	[jak ɕɛ̃ maʃ]
Che c'è di nuovo?	Co nowego?	[tsɔ nɔ'vɛgɔ]

Arrivederci!	Do widzenia!	[dɔ vi'dzɛɲa]
A presto!	Do zobaczenia!	[dɔ zɔbat'ʃɛɲa]
Addio! (inform.)	Żegnaj!	['ʒɛgnaj]
Addio! (form.)	Żegnam!	['ʒɛgnam]
congedarsi (vr)	żegnać się	['ʒɛgnatʃ ɕɛ̃]
Ciao! (A presto!)	Na razie!	[na 'raʒe]

Grazie!	Dziękuję!	[dʒɛ̃'kue]
Grazie mille!	Bardzo dziękuję!	[bardzɔ dʒɛ̃'kuɛ̃]
Prego	Proszę	['prɔʃɛ̃]
Non c'è di che!	To drobiazg	[tɔ 'drɔbʲazk]
Di niente	Nie ma za co	['ne ma 'za tsɔ]

Scusa! Scusi!	Przepraszam!	[pʃɛp'raʃam]
scusare (vt)	wybaczać	[vɨ'batʃatʃ]
scusarsi (vr)	przepraszać	[pʃɛp'raʃatʃ]

Chiedo scusa	Przepraszam!	[pʃɛp'raʃam]
Mi perdoni!	Przepraszam!	[pʃɛp'raʃam]
perdonare (vt)	wybaczać	[vi'batʃatʃ]
per favore	proszę	['prɔʃɛ̃]

Non dimentichi!	Nie zapomnijcie!	[ne zapɔm'nijtʃe]
Certamente!	Oczywiście!	[ɔtʃi'viɕtʃe]
Certamente no!	Oczywiście, że nie!	[ɔtʃiviɕtʃe ʒɛ 'ne]
D'accordo!	Zgoda!	['zgɔda]
Basta!	Dosyć!	['dɔsitʃ]

3. Domande

Chi?	Kto?	[ktɔ]
Che cosa?	Co?	[tsɔ]
Dove? (in che luogo?)	Gdzie?	[gdʒe]
Dove? (~ vai?)	Dokąd?	['dɔkɔ̃t]
Di dove?, Da dove?	Skąd?	[skɔ̃t]
Quando?	Kiedy?	['kedɨ]
Perché? (per quale scopo?)	Dlaczego?	[dʌat'ʃɛgɔ]
Perché? (per quale ragione?)	Czemu?	['tʃɛmu]

Per che cosa?	Do czego?	[dɔ 'tʃɛgɔ]
Come?	Jak?	[jak]
Che? (~ colore è?)	Jaki?	['jaki]
Quale?	Który?	['kturɨ]

Di chi?	O kim?	['ɔ kim]
Di che cosa?	O czym?	['ɔ tʃɨm]
Con chi?	Z kim?	[s kim]

| Quanti?, Quanto? | Ile? | ['ile] |
| Di chi? | Czyj? | [tʃɨj] |

4. Preposizioni

con (tè ~ il latte)	z	[z]
senza	bez	[bɛz]
a (andare ~ ...)	do	[dɔ]
di (parlare ~ ...)	o	[ɔ]
prima di ...	przed	[pʃɛt]
di fronte a ...	przed	[pʃɛt]

sotto (avv)	pod	[pɔt]
sopra (al di ~)	nad	[nat]
su (sul tavolo, ecc.)	na	[na]

da, di (via da ..., fuori di ...)	z ..., ze ...	[z], [zɛ]
di (fatto ~ cartone)	z ..., ze ...	[z], [zɛ]
fra (~ dieci minuti)	za	[za]
attraverso (dall'altra parte)	przez	[pʃɛs]

5. Parole grammaticali. Avverbi. Parte 1

Dove?	Gdzie?	[gdʒe]
qui (in questo luogo)	tu	[tu]
lì (in quel luogo)	tam	[tam]

da qualche parte (essere ~)	gdzieś	[gdʒeɕ]
da nessuna parte	nigdzie	['nigdʒe]

vicino a ...	koło, przy	['kɔwɔ], [pʃɨ]
vicino alla finestra	przy oknie	[pʃɨ 'ɔkne]

Dove?	Dokąd?	['dɔkɔ̃t]
qui (vieni ~)	tutaj	['tutaj]
ci (~ vado stasera)	tam	[tam]
da qui	stąd	[stɔ̃t]
da lì	stamtąd	['stamtɔ̃t]

vicino, accanto (avv)	blisko	['bliskɔ]
lontano (avv)	daleko	[da'lɛkɔ]

vicino (~ a Parigi)	koło	['kɔwɔ]
vicino (qui ~)	obok	['ɔbɔk]
non lontano	niedaleko	[neda'lekɔ]

sinistro (agg)	lewy	['levi]
a sinistra (rimanere ~)	z lewej	[z 'levɛj]
a sinistra (girare ~)	w lewo	[v 'levɔ]

destro (agg)	prawy	['pravi]
a destra (rimanere ~)	z prawej	[s 'pravɛj]
a destra (girare ~)	w prawo	[f 'pravɔ]

davanti	z przodu	[s 'pʃɔdu]
anteriore (agg)	przedni	['pʃɛdni]
avanti	naprzód	['napʃut]

dietro (avv)	z tyłu	[s 'tiwu]
da dietro	od tyłu	[ɔt 'tiwu]
indietro	do tyłu	[dɔ 'tiwu]
mezzo (m), centro (m)	środek (m)	['ɕrɔdɛk]
in mezzo, al centro	w środku	[f 'ɕrɔdku]

di fianco	z boku	[z 'bɔku]
dappertutto	wszędzie	['fʃɛ̃dʒe]
attorno	dookoła	[dɔ:'kɔwa]

da dentro	z wewnątrz	[z 'vɛvnɔ̃tʃ]
da qualche parte	dokądś	['dɔkɔ̃tɕ]
(andare ~)		
dritto (direttamente)	na wprost	['na fprɔst]
indietro	z powrotem	[s pɔv'rɔtɛm]

da qualsiasi parte	skądkolwiek	[skɔ̃t'kɔʌvek]
da qualche posto	skądś	[skɔ̃tɕ]
(veniamo ~)		

in primo luogo	po pierwsze	[pɔ 'perfʃɛ]
in secondo luogo	po drugie	[pɔ 'druge]
in terzo luogo	po trzecie	[pɔ 'tʃɛtʃe]

all'improvviso	nagle	['nagle]
all'inizio	na początku	[na pɔt'ʃɔ̃tku]
per la prima volta	po raz pierwszy	[pɔ ras 'perfʃi]
molto tempo prima di...	na długo przed ...	[na 'dwugɔ pʃɛt]
di nuovo	od nowa	[ɔd 'nɔva]
per sempre	na zawsze	[na 'zafʃɛ]

mai	nigdy	['nigdi]
ancora	znowu	['znɔvu]
adesso	teraz	['tɛras]
spesso (avv)	często	['tʃɛnstɔ]
allora	wtedy	['ftɛdi]
urgentemente	pilnie	['piʌne]
di solito	zwykle	['zvikle]

a proposito, ...	a propos	[a prɔ'pɔ]
è possibile	może, możliwe	['mɔʒɛ], [mɔʒ'livɛ]
probabilmente	prawdopodobnie	[pravdɔpɔ'dɔbne]
forse	być może	[bitʃ 'mɔʒɛ]
inoltre ...	poza tym	[pɔ'za tim]
ecco perché ...	dlatego	[dʌa'tɛgɔ]
nonostante (~ tutto)	mimo że ...	['mimɔ ʒɛ]
grazie a ...	dzięki	['dʒɛ̃ki]

che cosa (pron)	co	[tsɔ]
che (cong)	że	[ʒɛ]
qualcosa (qualsiasi cosa)	coś	[tsɔɕ]
qualcosa (le serve ~?)	cokolwiek	[tsɔ'kɔʌvek]
niente	nic	[nits]

chi (pron)	kto	[ktɔ]
qualcuno (annuire a ~)	ktoś	[ktɔɕ]
qualcuno (dipendere da ~)	ktokolwiek	[ktɔ'kɔʌvek]
nessuno	nikt	[nikt]

da nessuna parte	nigdzie	['nigʥe]
di nessuno	niczyj	['nitʃij]
di qualcuno	czyjkolwiek	[ʧij'kɔʌvek]

così (era ~ arrabbiato)	tak	[tak]
anche (penso ~ a ...)	także	['tagʒɛ]
anche, pure	też	[tɛʃ]

6. Parole grammaticali. Avverbi. Parte 2

Perché?	Dlaczego?	[dʌat'ʃɛgɔ]
per qualche ragione	z jakiegoś powodu	[z ja'kegɔɕ pɔ'vɔdu]
perché ...	dlatego, że ...	[dla'tɛgɔ], [ʒɛ]
per qualche motivo	po coś	['pɔ ʦɔɕ]

e (cong)	i	[i]
o (sì ~ no?)	albo	['aʌbɔ]
ma (però)	ale	['ale]
per (~ me)	dla	[dʌa]

troppo	zbyt	[zbɨt]
solo (avv)	tylko	['tɨʌkɔ]
esattamente	dokładnie	[dɔk'wadne]
circa (~ 10 dollari)	około	[ɔ'kɔwɔ]

approssimativamente	w przybliżeniu	[f pʃibli'ʒɛny]
approssimativo (agg)	przybliżony	[pʃibli'ʒɔnɨ]
quasi	prawie	[prave]
resto	reszta (ż)	['rɛʃta]
ogni (agg)	każdy	['kaʒdɨ]
qualsiasi (agg)	jakikolwiek	[jaki'kɔʌvjek]
molti, molto	dużo	['duʒɔ]
molta gente	wiele	['vele]
tutto, tutti	wszystkie	['fʃistke]

in cambio di ...	w zamian za ...	[v 'zamʲan za]
in cambio	zamiast	['zamʲast]
a mano (fatto ~)	ręcznie	['rɛnʧne]
poco probabile	ledwo, prawie	['ledvɔ], ['pravje]

probabilmente	prawdopodobnie	[pravdɔpɔ'dɔbne]
apposta	celowo	[ʦɛ'lɔvɔ]
per caso	przypadkiem	[pʃi'patkem]

molto (avv)	bardzo	['bardzɔ]
per esempio	na przykład	[na 'pʃikwat]
fra (~ due)	między	['mendʑi]
fra (~ più di due)	wśród	[fɕrut]
tanto (quantità)	aż tyle	[aʒ 'tile]
soprattutto	szczególnie	[ʃʧɛ'guʌne]

NUMERI. VARIE

T&P Books Publishing

zero (m)	**zero**	['zɛrɔ]
uno	**jeden**	['edɛn]
due	**dwa**	[dva]
tre	**trzy**	[ʧi]
quattro	**cztery**	['ʧtɛri]
cinque	**pięć**	[pɛ̃ʧ]
sei	**sześć**	[ʃɛɕʧ]
sette	**siedem**	['ɕedɛm]
otto	**osiem**	['ɔɕem]
nove	**dziewięć**	['dʑevɛ̃ʧ]
dieci	**dziesięć**	['dʑeɕɛ̃ʧ]
undici	**jedenaście**	[edɛ'naɕʧe]
dodici	**dwanaście**	[dva'naɕʧe]
tredici	**trzynaście**	[ʧi'naɕʧe]
quattordici	**czternaście**	[ʧtɛr'naɕʧe]
quindici	**piętnaście**	[pɛ̃t'naɕʧe]
sedici	**szesnaście**	[ʃes'naɕʧe]
diciassette	**siedemnaście**	[ɕedɛm'naɕʧe]
diciotto	**osiemnaście**	[ɔɕem'naɕʧe]
diciannove	**dziewiętnaście**	[dʑevɛt'naɕʧe]
venti	**dwadzieścia**	[dva'dʑeɕʧa]
ventuno	**dwadzieścia jeden**	[dva'dʑeɕʧa 'edɛn]
ventidue	**dwadzieścia dwa**	[dva'dʑeɕʧa dva]
ventitre	**dwadzieścia trzy**	[dva'dʑeɕʧa ʧi]
trenta	**trzydzieści**	[ʧi'dʑeɕʧi]
trentuno	**trzydzieści jeden**	[ʧi'dʑeɕʧi 'edɛn]
trentadue	**trzydzieści dwa**	[ʧi'dʑeɕʧi dva]
trentatre	**trzydzieści trzy**	[ʧi'dʑeɕʧi ʧi]
quaranta	**czterdzieści**	[ʧtɛr'dʑeɕʧi]
quarantuno	**czterdzieści jeden**	[ʧtɛr'dʑeɕʧi 'edɛn]
quarantadue	**czterdzieści dwa**	[ʧtɛr'dʑeɕʧi dva]
quarantatre	**czterdzieści trzy**	[ʧtɛr'dʑeɕʧi ʧi]
cinquanta	**pięćdziesiąt**	[pɛ̃'dʑeɕɔ̃t]
cinquantuno	**pięćdziesiąt jeden**	[pɛ̃'dʑeɕɔ̃t 'edɛn]
cinquantadue	**pięćdziesiąt dwa**	[pɛ̃'dʑeɕɔ̃t dva]
cinquantatre	**pięćdziesiąt trzy**	[pɛ̃'dʑeɕɔ̃t ʧi]
sessanta	**sześćdziesiąt**	[ʃɛɕ'dʑeɕɔ̃t]

sessantuno	sześćdziesiąt jeden	[ʃɛɕ'dʒɛɕɔt 'edɛn]
sessantadue	sześćdziesiąt dwa	[ʃɛɕ'dʒɛɕɔt dva]
sessantatre	sześćdziesiąt trzy	[ʃɛɕ'dʒɛɕɔt tʃi]
settanta	siedemdziesiąt	[ɕedɛm'dʒɛɕɔt]
settantuno	siedemdziesiąt jeden	[ɕedɛm'dʒɛɕɔt 'edɛn]
settantadue	siedemdziesiąt dwa	[ɕedɛm'dʒɛɕɔt dva]
settantatre	siedemdziesiąt trzy	[ɕedɛm'dʒɛɕɔt tʃi]
ottanta	osiemdziesiąt	[ɔɕem'dʒɛɕɔt]
ottantuno	osiemdziesiąt jeden	[ɔɕem'dʒɛɕɔt 'edɛn]
ottantadue	osiemdziesiąt dwa	[ɔɕem'dʒɛɕɔt dva]
ottantatre	osiemdziesiąt trzy	[ɔɕem'dʒɛɕɔt tʃi]
novanta	dziewięćdziesiąt	[dʒevɛ̃'dʒɛɕɔt]
novantuno	dziewięćdziesiąt jeden	[dʒevɛ̃'dʒɛɕɔt edɛn]
novantadue	dziewięćdziesiąt dwa	[dʒevɛ̃'dʒɛɕɔt dva]
novantatre	dziewięćdziesiąt trzy	[dʒevɛ̃'dʒɛɕɔt tʃi]

8. Numeri cardinali. Parte 2

cento	sto	[sto]
duecento	dwieście	['dveɕtʃe]
trecento	trzysta	['tʃista]
quattrocento	czterysta	['tʃtɛrista]
cinquecento	pięćset	['pɛ̃tʃsɛt]
seicento	sześćset	['ʃɛɕtʃsɛt]
settecento	siedemset	['ɕedɛmsɛt]
ottocento	osiemset	[ɔ'ɕemsɛt]
novecento	dziewięćset	['dʒevɛ̃tʃsɛt]
mille	tysiąc	['tiɕɔts]
duemila	dwa tysiące	[dva tiɕɔtsɛ]
tremila	trzy tysiące	[tʃi tiɕɔtsɛ]
diecimila	dziesięć tysięcy	['dʒeɕɛ̃tʃ ti'ɕentsi]
centomila	sto tysięcy	[sto ti'ɕentsi]
milione (m)	milion	['miʎjon]
miliardo (m)	miliard	['miʎjart]

9. Numeri ordinali

primo	pierwszy	['perfʃi]
secondo	drugi	['drugi]
terzo	trzeci	['tʃetʃi]
quarto	czwarty	['tʃfarti]
quinto	piąty	[pɔ̃ti]
sesto	szósty	['ʃusti]

settimo	**siódmy**	['ɕudmi]
ottavo	**ósmy**	['usmi]
nono	**dziewiąty**	[dʑevɔ̃ti]
decimo	**dziesiąty**	[dʑeɕɔ̃ti]

COLORI.
UNITÀ DI MISURA

T&P Books Publishing

colore (m)	kolor (m)	['kɔlɜr]
sfumatura (f)	odcień (m)	['ɔtɕeɲ]
tono (m)	ton (m)	[tɔn]
arcobaleno (m)	tęcza (ż)	['tɛntʃa]
bianco (agg)	biały	['bʲawɨ]
nero (agg)	czarny	['tʃarnɨ]
grigio (agg)	szary	['ʃarɨ]
verde (agg)	zielony	[ʒe'lɔnɨ]
giallo (agg)	żółty	['ʒuwtɨ]
rosso (agg)	czerwony	[tʃɛr'vɔnɨ]
blu (agg)	ciemny niebieski	['tʃɛmnɨ ne'beski]
azzurro (agg)	niebieski	[ne'beski]
rosa (agg)	różowy	[ru'ʒɔvɨ]
arancione (agg)	pomarańczowy	[pɔmaraɲ'tʃɔvɨ]
violetto (agg)	fioletowy	[fʰɔle'tɔvɨ]
marrone (agg)	brązowy	[brɔ̃'zɔvɨ]
d'oro (agg)	złoty	['zwɔtɨ]
argenteo (agg)	srebrzysty	[srɛb'ʒɨstɨ]
beige (agg)	beżowy	[bɛ'ʒɔvɨ]
color crema (agg)	kremowy	[krɛ'mɔvɨ]
turchese (agg)	turkusowy	[turku'sɔvɨ]
rosso ciliegia (agg)	wiśniowy	[viɕ'nɔvɨ]
lilla (agg)	liliowy	[li'ʎɔvɨ]
rosso lampone (agg)	malinowy	[mali'nɔvɨ]
chiaro (agg)	jasny	['jasnɨ]
scuro (agg)	ciemny	['tʃɛmnɨ]
vivo, vivido (agg)	jasny	['jasnɨ]
colorato (agg)	kolorowy	[kɔlɜ'rɔvɨ]
a colori	kolorowy	[kɔlɜ'rɔvɨ]
bianco e nero (agg)	czarno-biały	['tʃarnɔ 'bʲawɨ]
in tinta unita	jednokolorowy	['ednɔkɔlɜ'rɔvɨ]
multicolore (agg)	różnokolorowy	['ruʒnɔkɔlɜ'rɔvɨ]

peso (m)	ciężar (m)	['tʃɛnʒar]
lunghezza (f)	długość (ż)	['dwugɔɕtʃ]

larghezza (f)	szerokość (ż)	[ʃɛ'rɔkɔɕt͡ʃ]
altezza (f)	wysokość (ż)	[vɨ'sɔkɔɕt͡ʃ]
profondità (f)	głębokość (ż)	[gwɛ̃'bɔkɔɕt͡ʃ]
volume (m)	objętość (ż)	[ɔbʰ'entɔɕt͡ʃ]
area (f)	powierzchnia (ż)	[pɔ'veʃhɲa]
grammo (m)	gram (m)	[gram]
milligrammo (m)	miligram (m)	[mi'ligram]
chilogrammo (m)	kilogram (m)	[ki'lɔgram]
tonnellata (f)	tona (ż)	['tɔna]
libbra (f)	funt (m)	[funt]
oncia (f)	uncja (ż)	['unt͡sʰja]
metro (m)	metr (m)	[mɛtr]
millimetro (m)	milimetr (m)	[mi'limɛtr]
centimetro (m)	centymetr (m)	[t͡sɛn'timɛtr]
chilometro (m)	kilometr (m)	[ki'lɔmɛtr]
miglio (m)	mila (ż)	['miʎa]
pollice (m)	cal (m)	[t͡saʎ]
piede (f)	stopa (ż)	['stɔpa]
iarda (f)	jard (m)	['jart]
metro (m) quadro	metr (m) kwadratowy	[mɛtr kfadra'tɔvɨ]
ettaro (m)	hektar (m)	['hɛktar]
litro (m)	litr (m)	[litr]
grado (m)	stopień (m)	['stɔpeɲ]
volt (m)	wolt (m)	[vɔʎt]
ampere (m)	amper (m)	[am'pɛr]
cavallo vapore (m)	koń (m) mechaniczny	[kɔɲ mɛha'nit͡ʃnɨ]
quantità (f)	ilość (ż)	['ilɔɕt͡ʃ]
un po' di …	niedużo …	[ne'duʒɔ]
metà (f)	połowa (ż)	[pɔ'wɔva]
dozzina (f)	tuzin (m)	['tuʒin]
pezzo (m)	sztuka (ż)	['ʃtuka]
dimensione (f)	rozmiar (m)	['rɔzmʲar]
scala (f) (modello in ~)	skala (ż)	['skaʎa]
minimo (agg)	minimalny	[mini'maʎnɨ]
minore (agg)	najmniejszy	[najm'nejʃɨ]
medio (agg)	średni	['ɕrɛdni]
massimo (agg)	maksymalny	[maksɨ'maʎnɨ]
maggiore (agg)	największy	[naj'veŋkʃɨ]

12. Contenitori

barattolo (m) di vetro	słoik (m)	['swɔik]
latta, lattina (f)	puszka (ż)	['puʃka]

secchio (m)	wiadro (n)	['vʲadrɔ]
barile (m), botte (f)	beczka (ż)	['bɛtʃka]
catino (m)	miednica (ż)	[med'nitsa]
serbatoio (m) (per liquidi)	zbiornik (m)	['zbɜrnik]
fiaschetta (f)	piersiówka (ż)	[per'ɕyvka]
tanica (f)	kanister (m)	[ka'nistɛr]
cisterna (f)	cysterna (ż)	[tsis'tɛrna]
tazza (f)	kubek (m)	['kubɛk]
tazzina (f) (~ di caffé)	filiżanka (ż)	[fili'ʒaŋka]
piattino (m)	spodek (m)	['spɔdɛk]
bicchiere (m) (senza stelo)	szklanka (ż)	['ʃkʎaŋka]
calice (m)	kielich (m)	['kelih]
casseruola (f)	garnek (m)	['garnɛk]
bottiglia (f)	butelka (ż)	[bu'tɛʎka]
collo (m) (~ della bottiglia)	szyjka (ż)	['ʃijka]
caraffa (f)	karafka (ż)	[ka'rafka]
brocca (f)	dzbanek (m)	['dzbanɛk]
recipiente (m)	naczynie (n)	[nat'ʃine]
vaso (m) di coccio	garnek (m)	['garnɛk]
vaso (m) di fiori	wazon (m)	['vazɔn]
boccetta (f) (~ di profumo)	flakon (m)	[fʎa'kɔn]
fiala (f)	fiolka (ż)	[fʰɜʎka]
tubetto (m)	tubka (ż)	['tupka]
sacco (m) (~ di patate)	worek (m)	['vɔrɛk]
sacchetto (m) (~ di plastica)	torba (ż)	['tɔrba]
pacchetto (m) (~ di sigarette, ecc.)	paczka (ż)	['patʃka]
scatola (f) (~ per scarpe)	pudełko (n)	[pu'dɛwkɔ]
cassa (f) (~ di vino, ecc.)	skrzynka (ż)	['skʃiŋka]
cesta (f)	koszyk (m)	['kɔʃik]

BOOKS

I VERBI PIÙ IMPORTANTI

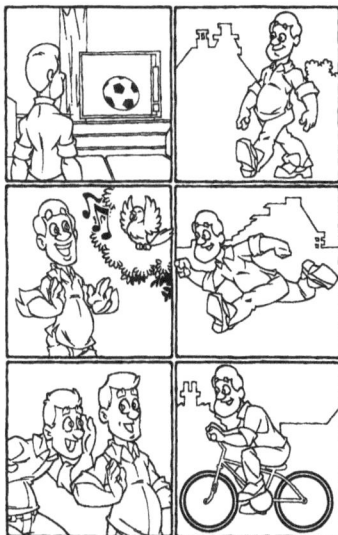

T&P Books Publishing

accorgersi (vr)	zauważać	[zau'vaʒatʃ]
afferrare (vt)	łowić	['wɔvitʃ]
affittare (dare in affitto)	wynajmować	[vinaj'mɔvatʃ]
aiutare (vt)	pomagać	[pɔ'magatʃ]
amare (qn)	kochać	['kɔhatʃ]
andare (camminare)	iść	[ictʃ]
annotare (vt)	zapisywać	[zapi'sivatʃ]
appartenere (vi)	należeć	[na'leʒetʃ]
aprire (vt)	otwierać	[ɔt'feratʃ]
arrivare (vi)	przyjeżdżać	[pʃi'eʒdʒatʃ]
aspettare (vt)	czekać	['tʃɛkatʃ]
avere (vt)	mieć	[metʃ]
avere fame	chcieć jeść	[htʃetʃ ectʃ]
avere fretta	śpieszyć się	['cpeʃitʃ cɛ̃]
avere paura	bać się	[batʃ cɛ̃]
avere sete	chcieć pić	[htʃetʃ pitʃ]
avvertire (vt)	ostrzegać	[ɔst'ʃɛgatʃ]
cacciare (vt)	polować	[pɔ'lɔvatʃ]
cadere (vi)	spadać	['spadatʃ]
cambiare (vt)	zmienić	['zmenitʃ]
capire (vt)	rozumieć	[rɔ'zumetʃ]
cenare (vi)	jeść kolację	[ectʃ kɔ'ʌatsʰɛ̃]
cercare (vt)	szukać	['ʃukatʃ]
cessare (vt)	przestawać	[pʃɛs'tavatʃ]
chiedere (~ aiuto)	wołać	['vɔwatʃ]
chiedere (domandare)	pytać	['pitatʃ]
cominciare (vt)	rozpoczynać	[rɔspɔt'ʃinatʃ]
comparare (vt)	porównywać	[pɔruv'nivatʃ]
confondere (vt)	mylić	['militʃ]
conoscere (qn)	znać	[znatʃ]
conservare (vt)	zachowywać	[zahɔ'vivatʃ]
consigliare (vt)	radzić	['radʒitʃ]
contare (calcolare)	liczyć	['litʃitʃ]
contare su ...	liczyć na ...	['litʃitʃ na]
continuare (vt)	kontynuować	[kɔntinu'ɔvatʃ]
controllare (vt)	kontrolować	[kɔntrɔ'lɔvatʃ]
correre (vi)	biec	[bets]

costare (vt)	kosztować	[koʃ'tɔvatʃ]
creare (vt)	stworzyć	['stfɔʒitʃ]
cucinare (vi)	gotować	[gɔ'tɔvatʃ]

14. I verbi più importanti. Parte 2

dare (vt)	dawać	['davatʃ]
dare un suggerimento	czynić aluzje	['tʃinitʃ a'lyzʰe]
decorare (adornare)	ozdabiać	[ɔz'dabʲatʃ]
difendere (~ un paese)	bronić	['brɔnitʃ]
dimenticare (vt)	zapominać	[zapɔ'minatʃ]

dire (~ la verità)	powiedzieć	[pɔ'vedʒetʃ]
dirigere (compagnia, ecc.)	kierować	[ke'rɔvatʃ]
discutere (vt)	omawiać	[ɔ'mavʲatʃ]
domandare (vt)	prosić	['prɔɕitʃ]
dubitare (vi)	wątpić	['võtpitʃ]

entrare (vi)	wchodzić	['fhɔdʒitʃ]
esigere (vt)	zażądać	[za'ʒõdatʃ]
esistere (vi)	istnieć	['istnetʃ]

essere (vi)	być	[bitʃ]
essere d'accordo	zgadzać się	['zgadzatʃ ɕɛ̃]
fare (vt)	robić	['rɔbitʃ]
fare colazione	jeść śniadanie	[eɕtʃ ɕɲa'dane]

fare il bagno	kąpać się	['kõpatʃ ɕɛ̃]
fermarsi (vr)	zatrzymywać się	[zatʃi'mivatʃ ɕɛ̃]
fidarsi (vr)	ufać	['ufatʃ]
finire (vt)	kończyć	['kɔɲtʃitʃ]
firmare (~ un documento)	podpisywać	[potpi'sivatʃ]

giocare (vi)	grać	[gratʃ]
girare (~ a destra)	skręcać	['skrɛntsatʃ]
gridare (vi)	krzyczeć	['kʃitʃetʃ]
indovinare (vt)	odgadnąć	[ɔd'gadnõtʃ]
informare (vt)	informować	[infor'mɔvatʃ]

ingannare (vt)	oszukiwać	[ɔʃu'kivatʃ]
insistere (vi)	nalegać	[na'legatʃ]
insultare (vt)	znieważać	[zne'vaʒatʃ]
interessarsi di …	interesować się	[intɛrɛ'sɔvatʃ ɕɛ̃]
invitare (vt)	zapraszać	[zap'raʃatʃ]

lamentarsi (vr)	skarżyć się	['skarʒitʃ ɕɛ̃]
lasciar cadere	upuszczać	[u'puʃtʃatʃ]
lavorare (vi)	pracować	[pra'tsɔvatʃ]
leggere (vi, vt)	czytać	['tʃitatʃ]
liberare (vt)	wyzwalać	[viz'vaʎatʃ]

15. I verbi più importanti. Parte 3

mancare le lezioni	opuszczać	[ɔ'puʃtʃatɕ]
mandare (vt)	wysyłać	[vi'siwatɕ]
menzionare (vt)	wspominać	[fspo'minatɕ]
minacciare (vt)	grozić	['grɔʑitɕ]
mostrare (vt)	pokazywać	[pɔka'zivatɕ]

nascondere (vt)	chować	['hɔvatɕ]
nuotare (vi)	pływać	['pwivatɕ]
obiettare (vt)	sprzeciwiać się	[spʃɛ'tɕivʲatɕ ɕɛ̃]
occorrere (vimp)	być potrzebnym	[bitɕ pot'ʃɛbnim]
ordinare (~ il pranzo)	zamawiać	[za'mavʲatɕ]

ordinare (mil.)	rozkazywać	[rɔska'zivatɕ]
osservare (vt)	obserwować	[ɔbsɛr'vɔvatɕ]
pagare (vi, vt)	płacić	['pwatɕitɕ]
parlare (vi, vt)	rozmawiać	[rɔz'mavʲatɕ]
partecipare (vi)	uczestniczyć	[utʃɛst'nitʃitɕ]

pensare (vi, vt)	myśleć	['miɕletɕ]
perdonare (vt)	przebaczać	[pʃɛ'batʃatɕ]
permettere (vt)	zezwalać	[zɛz'vaʎatɕ]
piacere (vi)	podobać się	[pɔ'dɔbatɕ ɕɛ̃]
piangere (vi)	płakać	['pwakatɕ]

pianificare (vt)	planować	[pʎa'nɔvatɕ]
possedere (vt)	posiadać	[pɔ'ɕadatɕ]
potere (v aus)	móc	[muts]
pranzare (vi)	jeść obiad	[eɕtʃ 'ɔbʲat]
preferire (vt)	woleć	['vɔletɕ]

pregare (vi, vt)	modlić się	['mɔdlitɕ ɕɛ̃]
prendere (vt)	brać	[bratɕ]
prevedere (vt)	przewidzieć	[pʃɛ'vidʑetɕ]
promettere (vt)	obiecać	[ɔ'betsatɕ]
pronunciare (vt)	wymawiać	[vi'mavʲatɕ]

proporre (vt)	proponować	[prɔpɔ'nɔvatɕ]
punire (vt)	karać	['karatɕ]
raccomandare (vt)	polecać	[pɔ'letsatɕ]

ridere (vi)	śmiać się	['ɕmʲatɕ ɕɛ̃]
rifiutarsi (vr)	odmawiać	[ɔd'mavʲatɕ]

rincrescere (vi)	żałować	[ʒa'wɔvatɕ]
ripetere (ridire)	powtarzać	[pɔf'taʒatɕ]
riservare (vt)	rezerwować	[rɛzɛr'vɔvatɕ]
rispondere (vi, vt)	odpowiadać	[ɔtpɔ'vʲadatɕ]
rompere (spaccare)	psuć	[psutɕ]
rubare (~ i soldi)	kraść	[kraɕtɕ]

16. I verbi più importanti. Parte 4

salvare (~ la vita a qn)	**ratować**	[ra'tovatʃ]
sapere (vt)	**wiedzieć**	['vedʒetʃ]
sbagliare (vi)	**mylić się**	['miɫitʃ ɕɛ̃]
scavare (vt)	**kopać**	['kɔpatʃ]
scegliere (vt)	**wybierać**	[vi'beratʃ]
scendere (vi)	**schodzić**	['shɔdʒitʃ]
scherzare (vi)	**żartować**	[ʒar'tovatʃ]
scrivere (vt)	**pisać**	['pisatʃ]
scusarsi (vr)	**przepraszać**	[pʃɛp'raʃatʃ]
sedersi (vr)	**siadać**	['ɕadatʃ]
seguire (vt)	**podążać**	[pɔ'dɔ̃ʒatʃ]
sgridare (vt)	**besztać**	['bɛʃtatʃ]
significare (vt)	**znaczyć**	['znatʃitʃ]
sorridere (vi)	**uśmiechać się**	[uɕ'mehatʃ ɕɛ̃]
sottovalutare (vt)	**nie doceniać**	[nedɔ'ʦɛɲatʃ]
sparare (vi)	**strzelać**	['stʃɛʌatʃ]
sperare (vi, vt)	**mieć nadzieję**	[metʃ na'dʒeɛ̃]
spiegare (vt)	**objaśniać**	[ɔb^hjaɕnatʃ]
studiare (vt)	**studiować**	[stud^hɔvatʃ]
stupirsi (vr)	**dziwić się**	['dʒivitʃ ɕɛ̃]
tacere (vi)	**milczeć**	['miʌtʃetʃ]
tentare (vt)	**próbować**	[pru'bovatʃ]
toccare (~ con le mani)	**dotykać**	[dɔ'tikatʃ]
tradurre (vt)	**tłumaczyć**	[twu'matʃitʃ]
trovare (vt)	**znajdować**	[znaj'dɔvatʃ]
uccidere (vt)	**zabijać**	[za'bijatʃ]
udire (percepire suoni)	**słyszeć**	['swiʃetʃ]
unire (vt)	**łączyć**	['wɔ̃tʃitʃ]
uscire (vi)	**wychodzić**	[vi'hɔdʒitʃ]
vantarsi (vr)	**chwalić się**	['hfalitʃ ɕɛ̃]
vedere (vt)	**widzieć**	['vidʒetʃ]
vendere (vt)	**sprzedawać**	[spʃɛ'davatʃ]
volare (vi)	**lecieć**	['letʃetʃ]
volere (desiderare)	**chcieć**	[htʃetʃ]

T&P BOOKS

ORARIO. CALENDARIO

T&P Books Publishing

17. Giorni della settimana

lunedì (m)	poniedziałek (m)	[pɔne'dʒ^jawɛk]
martedì (m)	wtorek (m)	['ftɔrɛk]
mercoledì (m)	środa (ż)	['ɕrɔda]
giovedì (m)	czwartek (m)	['ʧfartɛk]
venerdì (m)	piątek (m)	[põtɛk]
sabato (m)	sobota (ż)	[sɔ'bɔta]
domenica (f)	niedziela (ż)	[ne'dʑeʎa]

oggi (avv)	dzisiaj	['dʑiɕaj]
domani	jutro	['jutrɔ]
dopodomani	pojutrze	[pɔ'juʧɛ]
ieri (avv)	wczoraj	['fʧɔraj]
l'altro ieri	przedwczoraj	[pʃɛtft'ʃɔraj]

giorno (m)	dzień (m)	[dʑeɲ]
giorno (m) lavorativo	dzień (m) roboczy	[dʑeɲ rɔ'bɔʧi]
giorno (m) festivo	dzień (m) świąteczny	[dʑeɲ ɕfõ'tɛʧni]
giorno (m) di riposo	dzień (m) wolny	[dʑeɲ 'vɔʎni]
fine (m) settimana	weekend (m)	[u'ikɛnt]

tutto il giorno	cały dzień	['ʦawɨ dʑeɲ]
l'indomani	następnego dnia	[nastɛ̃p'nɛgɔ dɲa]
due giorni fa	dwa dni temu	[dva dni 'tɛmu]
il giorno prima	w przeddzień	[f 'pʃɛddʑeɲ]
quotidiano (agg)	codzienny	[ʦɔ'dʑeɲi]
ogni giorno	codziennie	[ʦɔ'dʑeɲe]

settimana (f)	tydzień (m)	['tidʑeɲ]
la settimana scorsa	w zeszłym tygodniu	[v 'zɛʃwim ti'gɔdny]
la settimana prossima	w następnym tygodniu	[v nas'tɛ̃pnim ti'gɔdny]
settimanale (agg)	tygodniowy	[tigɔd'nɔvi]
ogni settimana	co tydzień	[ʦɔ ti'dʑeɲ]
due volte alla settimana	dwa razy w tygodniu	[dva 'razi v ti'gɔdny]
ogni martedì	co wtorek	[ʦɔ 'ftɔrek]

18. Ore. Giorno e notte

mattina (f)	ranek (m)	['ranɛk]
di mattina	rano	['ranɔ]
mezzogiorno (m)	południe (n)	[pɔ'wudne]
nel pomeriggio	po południu	[pɔ pɔ'wudny]
sera (f)	wieczór (m)	['veʧur]

di sera	wieczorem	[vet'ʃɔrɛm]
notte (f)	noc (ż)	[nɔts]
di notte	w nocy	[v 'nɔtsi]
mezzanotte (f)	północ (ż)	['puwnɔts]

secondo (m)	sekunda (ż)	[sɛ'kunda]
minuto (m)	minuta (ż)	[mi'nuta]
ora (f)	godzina (ż)	[gɔ'dʒina]
mezzora (f)	pół godziny	[puw gɔ'dʒini]
un quarto d'ora	kwadrans (m)	['kfadrans]
quindici minuti	piętnaście minut	[pɛ̃t'naɕtɕe 'minut]
ventiquattro ore	doba (ż)	['dɔba]

levata (f) del sole	wschód (m) słońca	[fshut 'swɔɲtsa]
alba (f)	świt (m)	[ɕfit]
mattutino (m)	wczesny ranek (m)	['ftʃɛsni 'ranɛk]
tramonto (m)	zachód (m)	['zahut]

di buon mattino	wcześnie rano	['ftʃɛɕne 'ranɔ]
stamattina	dzisiaj rano	['dʑiɕaj 'ranɔ]
domattina	jutro rano	['jutrɔ 'ranɔ]

oggi pomeriggio	dzisiaj w dzień	['dʑiɕaj v dʑeɲ]
nel pomeriggio	po południu	[pɔ pɔ'wudny]
domani pomeriggio	jutro popołudniu	[jutrɔ pɔpɔ'wudny]

| stasera | dzisiaj wieczorem | [dʑiɕaj vet'ʃɔrɛm] |
| domani sera | jutro wieczorem | ['jutrɔ vet'ʃɔrɛm] |

alle tre precise	równo o trzeciej	['ruvnɔ ɔ 'tʃɛtʃej]
verso le quattro	około czwartej	[ɔ'kɔwɔ 'tʃfartɛj]
per le dodici	na dwunastą	[na dvu'nastɔ̃]

fra venti minuti	za dwadzieścia minut	[za dva'dʑeɕtʃa 'minut]
fra un'ora	za godzinę	[za gɔ'dʒinɛ̃]
puntualmente	na czas	[na tʃas]

un quarto di ...	za kwadrans	[za 'kfadrans]
entro un'ora	w ciągu godziny	[f tʃɔ̃gu gɔ'dʒini]
ogni quindici minuti	co piętnaście minut	[tsɔ pɛ̃t'naɕtɕe 'minut]
giorno e notte	całą dobę	['tsawɔ̃ 'dɔbɛ̃]

19. Mesi. Stagioni

gennaio (m)	styczeń (m)	['stitʃeɲ]
febbraio (m)	luty (m)	['lyti]
marzo (m)	marzec (m)	['maʒɛts]
aprile (m)	kwiecień (m)	['kfetʃeɲ]
maggio (m)	maj (m)	[maj]
giugno (m)	czerwiec (m)	['tʃɛrvets]

luglio (m)	lipiec (m)	['lipɛts]
agosto (m)	sierpień (m)	['ɕerpeɲ]
settembre (m)	wrzesień (m)	['vʒɛɕeɲ]
ottobre (m)	październik (m)	[paʑ'dʑernik]
novembre (m)	listopad (m)	[lis'tɔpat]
dicembre (m)	grudzień (m)	['grudʑeɲ]

primavera (f)	wiosna (ż)	['vɔsna]
in primavera	wiosną	['vɔsnɔ̃]
primaverile (agg)	wiosenny	[vɔ'sɛnɨ]

estate (f)	lato (n)	['ʎatɔ]
in estate	latem	['ʎatɛm]
estivo (agg)	letni	['letni]

autunno (m)	jesień (ż)	['eɕeɲ]
in autunno	jesienią	[e'ɕenɔ̃]
autunnale (agg)	jesienny	[e'ɕeɲɨ]

inverno (m)	zima (ż)	['ʒima]
in inverno	zimą	['ʒimɔ̃]
invernale (agg)	zimowy	[ʒi'mɔvɨ]

mese (m)	miesiąc (m)	['meɕɔ̃ts]
questo mese	w tym miesiącu	[f tɨm me'ɕɔ̃tsu]
il mese prossimo	w przyszłym miesiącu	[v 'pʃisʃwɨm me'ɕɔ̃tsu]
il mese scorso	w zeszłym miesiącu	[v 'zɛʃwɨm me'ɕɔ̃tsu]

un mese fa	miesiąc temu	['meɕɔ̃ts 'tɛmu]
fra un mese	za miesiąc	[za 'meɕɔ̃ts]
fra due mesi	za dwa miesiące	[za dva me'ɕɔ̃tse]
un mese intero	przez cały miesiąc	[pʃɛs 'tsawɨ 'meɕɔ̃ts]
per tutto il mese	cały miesiąc	['tsawɨ 'meɕɔ̃ts]

mensile (rivista ~)	comiesięczny	[tsɔme'ɕentʃnɨ]
mensilmente	comiesięcznie	[tsɔme'ɕentʃne]
ogni mese	co miesiąc	[tsɔ 'meɕɔ̃ts]
due volte al mese	dwa razy w miesiącu	[dva 'razɨ v meɕɔ̃tsu]

anno (m)	rok (m)	[rɔk]
quest'anno	w tym roku	[f tɨm 'rɔku]
l'anno prossimo	w przyszłym roku	[v 'pʃisʃwɨm 'rɔku]
l'anno scorso	w zeszłym roku	[v 'zɛʃwɨm 'rɔku]

un anno fa	rok temu	[rɔk 'tɛmu]
fra un anno	za rok	[za rɔk]
fra due anni	za dwa lata	[za dva 'ʎata]
un anno intero	cały rok	['tsawɨ rɔk]
per tutto l'anno	cały rok	['tsawɨ rɔk]

| ogni anno | co roku | [tsɔ 'rɔku] |
| annuale (agg) | coroczny | [tsɔ'rɔtʃnɨ] |

annualmente	**corocznie**	[tsɔ'rɔtʃnε]
quattro volte all'anno	**cztery razy w roku**	['tʃtɛri 'razɨ v 'rɔku]
data (f) (~ di oggi)	**data** (z)	['data]
data (f) (~ di nascita)	**data** (z)	['data]
calendario (m)	**kalendarz** (m)	[ka'lendaʃ]
mezz'anno (m)	**pół roku**	[puw 'rɔku]
semestre (m)	**półrocze** (n)	[puw'rɔtʃɛ]
stagione (f) (estate, ecc.)	**sezon** (m)	['sɛzɔn]
secolo (m)	**wiek** (m)	[vek]

T&P BOOKS

VIAGGIO. HOTEL

T&P Books Publishing

turismo (m)	**turystyka** (ż)	[tu'ristika]
turista (m)	**turysta** (m)	[tu'rista]
viaggio (m) (all'estero)	**podróż** (ż)	['pɔdruʃ]
avventura (f)	**przygoda** (ż)	[pʃi'gɔda]
viaggio (m) (corto)	**podróż** (ż)	['pɔdruʃ]
vacanza (f)	**urlop** (m)	['urlɔp]
essere in vacanza	**być na urlopie**	[bitʃ na ur'lɔpe]
riposo (m)	**wypoczynek** (m)	[vipot'ʃinɛk]
treno (m)	**pociąg** (m)	['pɔtʃɔ̃k]
in treno	**pociągiem**	[pɔtʃɔ̃gem]
aereo (m)	**samolot** (m)	[sa'mɔlɔt]
in aereo	**samolotem**	[samɔ'lɔtɛm]
in macchina	**samochodem**	[samɔ'hɔdɛm]
in nave	**statkiem**	['statkem]
bagaglio (m)	**bagaż** (m)	['bagaʃ]
valigia (f)	**walizka** (ż)	[va'liska]
carrello (m)	**wózek** (m) **bagażowy**	['vuzɛk baga'ʒɔvi]
passaporto (m)	**paszport** (m)	['paʃpɔrt]
visto (m)	**wiza** (ż)	['viza]
biglietto (m)	**bilet** (m)	['bilet]
biglietto (m) aereo	**bilet** (m) **lotniczy**	['bilet lɔt'nitʃi]
guida (f)	**przewodnik** (m)	[pʃɛ'vɔdnik]
carta (f) geografica	**mapa** (ż)	['mapa]
località (f)	**miejscowość** (ż)	[mejs'tsɔvɔɕtʃ]
luogo (m)	**miejsce** (n)	['mejstsɛ]
ogetti (m pl) esotici	**egzotyka** (ż)	[ɛg'zɔtika]
esotico (agg)	**egzotyczny**	[ɛgzɔ'titʃni]
sorprendente (agg)	**zadziwiający**	[zadʒivjaɔ̃tsi]
gruppo (m)	**grupa** (ż)	['grupa]
escursione (f)	**wycieczka** (ż)	[vi'tʃetʃka]
guida (f) (cicerone)	**przewodnik** (ż)	[pʃɛ'vɔdnik]

albergo (m)	**hotel** (m)	['hɔtɛʎ]
motel (m)	**motel** (m)	['mɔtɛʎ]

tre stelle	trzy gwiazdki	[ʧi 'gviaztki]
cinque stelle	pięć gwiazdek	[pɛ̃ʧ 'gviazdɛk]
alloggiare (vi)	zatrzymać się	[zat'ʃimaʧ ɕɛ̃]

camera (f)	pokój (m)	['pɔkuj]
camera (f) singola	pokój (m) jednoosobowy	['pɔkuj ednɔ:sɔ'bovi]
camera (f) doppia	pokój (m) dwuosobowy	['pɔkuj dvuɔsɔ'bovi]
prenotare una camera	rezerwować pokój	[rɛzɛr'vɔvaʧ 'pɔkuj]

| mezza pensione (f) | wyżywienie (n) Half Board | [viʒi'vene haf bɔrd] |
| pensione (f) completa | pełne (n) wyżywienie | ['pɛwnɛ viʒivi'ene] |

con bagno	z łazienką	[z wa'ʒenkɔ̃]
con doccia	z prysznicem	[z priʃ'niʦɛm]
televisione (f) satellitare	telewizja (z) satelitarna	[tɛle'vizʲja satɛli'tarna]
condizionatore (m)	klimatyzator (m)	[klimati'zatɔr]
asciugamano (m)	ręcznik (m)	['rɛnʧnik]
chiave (f)	klucz (m)	[kluʧ]

amministratore (m)	administrator (m)	[administ'ratɔr]
cameriera (f)	pokojówka (z)	[pɔkɔ'jufka]
portabagagli (m)	tragarz (m)	['tragaʃ]
portiere (m)	odźwierny (m)	[ɔd'vjerni]

ristorante (m)	restauracja (z)	[rɛstau'raʦʲja]
bar (m)	bar (m)	[bar]
colazione (f)	śniadanie (n)	[ɕɲa'dane]
cena (f)	kolacja (z)	[kɔ'ʎaʦʲja]
buffet (m)	szwedzki stół (m)	['ʃfɛtski stuw]

ascensore (m)	winda (z)	['vinda]
NON DISTURBARE	NIE PRZESZKADZAĆ	[ne pʃɛʃ'kadzaʧ]
VIETATO FUMARE!	ZAKAZ PALENIA!	['zakas pa'leɲa]

22. Visita turistica

monumento (m)	pomnik (m)	['pɔmnik]
fortezza (f)	twierdza (z)	['tferdza]
palazzo (m)	pałac (m)	['pawaʦ]
castello (m)	zamek (m)	['zamɛk]
torre (f)	wieża (z)	['veʒa]
mausoleo (m)	mauzoleum (n)	[mauzɔ'leum]

architettura (f)	architektura (z)	[arhitɛk'tura]
medievale (agg)	średniowieczny	[ɕrɛdnɔ'veʧni]
antico (agg)	zabytkowy	[zabit'kɔvi]
nazionale (agg)	narodowy	[narɔ'dɔvi]
famoso (agg)	znany	['znani]
turista (m)	turysta (m)	[tu'rista]
guida (f)	przewodnik (m)	[pʃɛ'vɔdnik]

escursione (f)	wycieczka (ż)	[vi'tʃetʃka]
fare vedere	pokazywać	[pɔka'zivatʃ]
raccontare (vt)	opowiadać	[ɔpɔ'vʲadatʃ]

trovare (vt)	znaleźć	['znaleɕtʃ]
perdersi (vr)	zgubić się	['zgubitʃ ɕɛ̃]
mappa (f) (~ della metropolitana)	plan (m)	[pʎan]

| piantina (f) (~ della città) | plan (m) | [pʎan] |

| souvenir (m) | pamiątka (ż) | [pamõtka] |
| negozio (m) di articoli
da regalo | sklep (m) z upominkami | [sklep s upɔmi'ŋkami] |

| fare foto | robić zdjęcia | ['rɔbitʃ 'zdʰɛ̃tʃa] |
| fotografarsi | fotografować się | [fɔtɔgra'fɔvatʃ ɕɛ̃] |

T&P BOOKS

MEZZI DI TRASPORTO

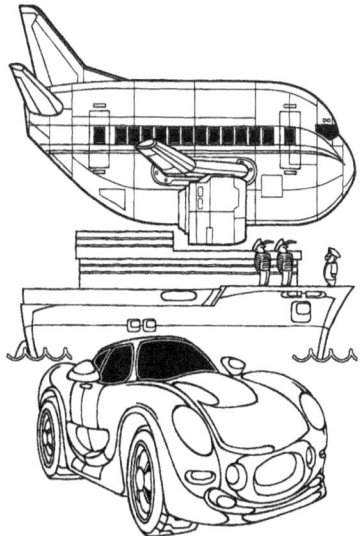

T&P Books Publishing

23. Aeroporto

aeroporto (m)	**port** (m) **lotniczy**	[port lɔt'nitʃi]
aereo (m)	**samolot** (m)	[sa'mɔlɔt]
compagnia (f) aerea	**linie** (l.mn.) **lotnicze**	['liɲje lɔt'nitʃɛ]
controllore (m) di volo	**kontroler** (m) **lotów**	[kɔnt'rɔler 'lɔtuf]
partenza (f)	**odlot** (m)	['ɔdlɔt]
arrivo (m)	**przylot** (m)	['pʃilɔt]
arrivare (vi)	**przylecieć**	[pʃi'letʃetʃ]
ora (f) di partenza	**godzina** (z) **odlotu**	[gɔ'dʒina ɔd'lɔtu]
ora (f) di arrivo	**godzina** (z) **przylotu**	[gɔ'dʒina pʃi'lɔtu]
essere ritardato	**opóźniać się**	[ɔ'puʑɲatʃ ɕɛ̃]
volo (m) ritardato	**opóźnienie** (n) **odlotu**	[ɔpuʑ'nene ɔd'lɔtu]
tabellone (m) orari	**tablica** (z) **informacyjna**	[tab'litsa informa'tsijna]
informazione (f)	**informacja** (z)	[infɔr'matsʰja]
annunciare (vt)	**ogłaszać**	[ɔg'waʃatʃ]
volo (m)	**lot** (m)	['lɔt]
dogana (f)	**urząd** (m) **celny**	['uʒɔ̃t 'tsɛʎɲi]
doganiere (m)	**celnik** (m)	['tsɛʎnik]
dichiarazione (f)	**deklaracja** (z)	[dɛkʎa'ratsʰja]
riempire una dichiarazione	**wypełnić deklarację**	[vi'pɛwnitʃ dɛkʎa'ratsʰɛ̃]
controllo (m) passaporti	**odprawa** (z) **paszportowa**	[ɔtp'rava paʃpɔr'tɔva]
bagaglio (m)	**bagaż** (m)	['bagaʃ]
bagaglio (m) a mano	**bagaż** (m) **podręczny**	['bagaʃ pɔd'rɛntʃni]
carrello (m)	**wózek** (m) **bagażowy**	['vuzɛk baga'ʒɔvi]
atterraggio (m)	**lądowanie** (n)	[lɔ̃dɔ'vane]
pista (f) di atterraggio	**pas** (m) **startowy**	[pas star'tɔvi]
atterrare (vi)	**lądować**	[lɔ̃'dɔvatʃ]
scaletta (f) dell'aereo	**schody** (l.mn.) **do samolotu**	['sxɔdi dɔ samɔ'lɔtu]
check-in (m)	**odprawa** (z) **biletowa**	[ɔtp'rava bile'tɔva]
banco (m) del check-in	**stanowisko** (n) **odprawy**	[stanɔ'viskɔ ɔtp'ravi]
fare il check-in	**zgłosić się do odprawy**	['zgwɔɕitʃ ɕɛ̃ dɔ ɔtp'ravi]
carta (f) d'imbarco	**karta** (z) **pokładowa**	['karta pɔkwa'dɔva]
porta (f) d'imbarco	**wyjście** (n) **do odprawy**	['vijtʃe dɔ ɔtp'ravi]
transito (m)	**tranzyt** (m)	['tranzit]
aspettare (vt)	**czekać**	['tʃɛkatʃ]

sala (f) d'attesa	poczekalnia (ż)	[pɔtʃɛ'kaʎɲa]
accompagnare (vt)	odprowadzać	[ɔtprɔ'vadzatʃ]
congedarsi (vr)	żegnać się	['ʒɛgnatʃ ɕɛ̃]

24. Aeroplano

aereo (m)	samolot (m)	[sa'mɔlɔt]
biglietto (m) aereo	bilet (m) lotniczy	['bilet lɔt'nitʃi]
compagnia (f) aerea	linie (l.mn.) lotnicze	['liɲje lɔt'nitʃɛ]
aeroporto (m)	port (m) lotniczy	[pɔrt lɔt'nitʃi]
supersonico (agg)	ponaddźwiękowy	[pɔnaddʒʲvɛ̃'kɔvi]
comandante (m)	kapitan (m) statku	[ka'pitan 'statku]
equipaggio (m)	załoga (ż)	[za'wɔga]
pilota (m)	pilot (m)	['pilɔt]
hostess (f)	stewardessa (ż)	[stʲjuar'dɛsa]
navigatore (m)	nawigator (m)	[navi'gatɔr]
ali (f pl)	skrzydła (l.mn.)	['skʃidwa]
coda (f)	ogon (m)	['ɔgɔn]
cabina (f)	kabina (ż)	[ka'bina]
motore (m)	silnik (m)	['ɕiʎnik]
carrello (m) d'atterraggio	podwozie (n)	[pɔd'vɔʒe]
turbina (f)	turbina (ż)	[tur'bina]
elica (f)	śmigło (n)	['ɕmigwɔ]
scatola (f) nera	czarna skrzynka (ż)	['tʃarna 'skʃiŋka]
barra (f) di comando	wolant (m)	['vɔʎant]
combustibile (m)	paliwo (n)	[pa'livɔ]
safety card (f)	instrukcja (ż)	[inst'ruktsʲja]
maschera (f) ad ossigeno	maska (ż) tlenowa	['maska tle'nɔva]
uniforme (f)	uniform (m)	[u'nifɔrm]
giubbotto (m) di salvataggio	kamizelka (ż) ratunkowa	[kami'zɛʎka ratu'ŋkɔva]
paracadute (m)	spadochron (m)	[spa'dɔhrɔn]
decollo (m)	start (m)	[start]
decollare (vi)	startować	[star'tɔvatʃ]
pista (f) di decollo	pas (m) startowy	[pas star'tɔvi]
visibilità (f)	widoczność (ż)	[vi'dɔtʃnɔɕtʃ]
volo (m)	lot (m)	['lɔt]
altitudine (f)	wysokość (ż)	[vi'sɔkɔɕtʃ]
vuoto (m) d'aria	dziura (ż) powietrzna	['dʒyra pɔ'vetʃna]
posto (m)	miejsce (n)	['mejstsɛ]
cuffia (f)	słuchawki (l.mn.)	[swu'hafki]
tavolinetto (m) pieghevole	stolik (m) rozkładany	['stɔlik rɔskwa'danɨ]
oblò (m), finestrino (m)	iluminator (m)	[ilymi'natɔr]
corridoio (m)	przejście (n)	['pʃɛjɕtʃe]

25. Treno

treno (m)	pociąg (m)	['pɔtʃɔ̃k]
elettrotreno (m)	pociąg (m) podmiejski	['pɔtʃɔ̃k pɔd'mejski]
treno (m) rapido	pociąg (m) pośpieszny	['pɔtʃɔ̃k pɔɕ'peʃni]
locomotiva (f) diesel	lokomotywa (ż)	[lɔkɔmɔ'tiva]
locomotiva (f) a vapore	parowóz (m)	[pa'rɔvus]

| carrozza (f) | wagon (m) | ['vagɔn] |
| vagone (m) ristorante | wagon (m) restauracyjny | ['vagɔn rɛstaura'tsijni] |

rotaie (f pl)	szyny (l.mn.)	['ʃini]
ferrovia (f)	kolej (ż)	['kɔlej]
traversa (f)	podkład (m)	['pɔtkwat]

banchina (f) (~ ferroviaria)	peron (m)	['pɛrɔn]
binario (m) (~ 1, 2)	tor (m)	[tɔr]
semaforo (m)	semafor (m)	[sɛ'mafɔr]
stazione (f)	stacja (ż)	['statsʰja]

macchinista (m)	maszynista (m)	[maʃi'nista]
portabagagli (m)	tragarz (m)	['tragaʃ]
cuccettista (m, f)	konduktor (m)	[kɔn'duktɔr]
passeggero (m)	pasażer (m)	[pa'saʒɛr]
controllore (m)	kontroler (m)	[kɔnt'rɔler]

| corridoio (m) | korytarz (m) | [kɔ'ritaʃ] |
| freno (m) di emergenza | hamulec (m) bezpieczeństwa | [ha'mulɛts bɛzpet'ʃɛɲstfa] |

scompartimento (m)	przedział (m)	['pʃɛdʒiaw]
cuccetta (f)	łóżko (n)	['wuʃkɔ]
cuccetta (f) superiore	łóżko (n) górne	['wuʃkɔ 'gurnɛ]
cuccetta (f) inferiore	łóżko (n) dolne	['wuʃkɔ 'dɔʎnɛ]
biancheria (f) da letto	pościel (ż)	['pɔɕtʃeʎ]

biglietto (m)	bilet (m)	['bilet]
orario (m)	rozkład (m) jazdy	['rɔskwad 'jazdi]
tabellone (m) orari	tablica (ż) informacyjna	[tab'litsa informa'tsijna]

partire (vi)	odjeżdżać	[ɔdʰ'eʒdʒatʃ]
partenza (f)	odjazd (m)	['ɔdʰjast]
arrivare (di un treno)	wjeżdżać	['vʰeʒdʒatʃ]
arrivo (m)	przybycie (n)	[pʃi'bitʃe]

arrivare con il treno	przyjechać pociągiem	[pʃi'ehatʃ pɔtʃɔ̃gem]
salire sul treno	wsiąść do pociągu	[fɕɔ̃ɕtʃ dɔ pɔtʃɔ̃gu]
scendere dal treno	wysiąść z pociągu	['viɕɔ̃ɕtʃ s pɔtʃɔ̃gu]

| deragliamento (m) | katastrofa (ż) | [katast'rɔfa] |
| locomotiva (f) a vapore | parowóz (m) | [pa'rɔvus] |

fuochista (m)	palacz (m)	['paʎatʃ]
forno (m)	palenisko (n)	[pale'niskɔ]
carbone (m)	węgiel (m)	['vɛŋjeʎ]

26. Nave

nave (f)	statek (m)	['statɛk]
imbarcazione (f)	okręt (m)	['ɔkrɛ̃t]

piroscafo (m)	parowiec (m)	[pa'rɔvets]
barca (f) fluviale	motorowiec (m)	[mɔtɔ'rɔvets]
transatlantico (m)	liniowiec (m)	[li'ɲjɔvets]
incrociatore (m)	krążownik (m)	[krɔ̃'ʒɔvnik]

yacht (m)	jacht (m)	[jaht]
rimorchiatore (m)	holownik (m)	[hɔ'lɔvnik]
chiatta (f)	barka (z)	['barka]
traghetto (m)	prom (m)	[prɔm]

veliero (m)	żaglowiec (m)	[ʒag'lɔvets]
brigantino (m)	brygantyna (z)	[brigan'tina]

rompighiaccio (m)	lodołamacz (m)	[lɔdɔ'wamatʃ]
sottomarino (m)	łódź (z) podwodna	[wutʃ pɔd'vɔdna]

barca (f)	łódź (z)	[wutʃ]
scialuppa (f)	szalupa (z)	[ʃa'lypa]
scialuppa (f) di salvataggio	szalupa (z)	[ʃa'lypa]
motoscafo (m)	motorówka (z)	[mɔtɔ'rufka]

capitano (m)	kapitan (m)	[ka'pitan]
marittimo (m)	marynarz (m)	[ma'rinaʃ]
marinaio (m)	marynarz (m)	[ma'rinaʃ]
equipaggio (m)	załoga (z)	[za'wɔga]

nostromo (m)	bosman (m)	['bɔsman]
mozzo (m) di nave	chłopiec (m) okrętowy	['hwɔpets ɔkrɛ̃'tɔvɨ]
cuoco (m)	kucharz (m) okrętowy	['kuhaʃ ɔkrɛ̃'tɔvɨ]
medico (m) di bordo	lekarz (m) okrętowy	['lekaʃ ɔkrɛ̃'tɔvɨ]

ponte (m)	pokład (m)	['pɔkwat]
albero (m)	maszt (m)	[maʃt]
vela (f)	żagiel (m)	['ʒageʎ]

stiva (f)	ładownia (z)	[wa'dɔvɲa]
prua (f)	dziób (m)	[dʒyp]
poppa (f)	rufa (z)	['rufa]
remo (m)	wiosło (n)	['vɔswɔ]
elica (f)	śruba (z) napędowa	['ɕruba napɛ̃'dɔva]
cabina (f)	kajuta (z)	[ka'juta]

quadrato (m) degli ufficiali	**mesa** (z)	['mɛsa]
sala (f) macchine	**maszynownia** (z)	[maʃi'nɔvɲa]
ponte (m) di comando	**mostek** (m) **kapitański**	['mɔstɛk kapi'taɲski]
cabina (f) radiotelegrafica	**radiokabina** (z)	[radʲɔka'bina]
onda (f)	**fala** (z)	['faʎa]
giornale (m) di bordo	**dziennik** (m) **pokładowy**	['dʒeɲik pɔkwa'dɔvɨ]
cannocchiale (m)	**luneta** (z)	[ly'nɛta]
campana (f)	**dzwon** (m)	[dzvɔn]
bandiera (f)	**bandera** (z)	[ban'dɛra]
cavo (m) (~ d'ormeggio)	**lina** (z)	['lina]
nodo (m)	**węzeł** (m)	['vɛnzɛw]
ringhiera (f)	**poręcz** (z)	['pɔrɛ̃tʃ]
passerella (f)	**trap** (m)	[trap]
ancora (f)	**kotwica** (z)	[kɔt'fitsa]
levare l'ancora	**podnieść kotwicę**	['pɔdneɕtʃ kɔt'fitsɛ̃]
gettare l'ancora	**zarzucić kotwicę**	[za'ʒutʃitʃ kɔt'fitsɛ̃]
catena (f) dell'ancora	**łańcuch** (m) **kotwicy**	['waɲtsuh kɔt'fitsɨ]
porto (m)	**port** (m)	[pɔrt]
banchina (f)	**nabrzeże** (n)	[nab'ʒɛʒɛ]
ormeggiarsi (vr)	**cumować**	[tsu'mɔvatʃ]
salpare (vi)	**odbijać**	[ɔd'bijatʃ]
viaggio (m)	**podróż** (z)	['pɔdruʃ]
crociera (f)	**podróż** (z) **morska**	['pɔdruʃ 'mɔrska]
rotta (f)	**kurs** (m)	[kurs]
itinerario (m)	**trasa** (z)	['trasa]
tratto (m) navigabile	**tor** (m) **wodny**	[tɔr 'vɔdnɨ]
secca (f)	**mielizna** (z)	[me'lizna]
arenarsi (vr)	**osiąść na mieliźnie**	['ɔɕɔ̃ɕtʃ na me'liʑne]
tempesta (f)	**sztorm** (m)	[ʃtɔrm]
segnale (m)	**sygnał** (m)	['sɨgnaw]
affondare (andare a fondo)	**tonąć**	['tɔɔɲtʃ]
SOS	**SOS**	[ɛs ɔ ɛs]
salvagente (m) anulare	**koło** (n) **ratunkowe**	['kɔwɔ ratu'ŋkɔvɛ]

T&P BOOKS

CITTÀ

T&P Books Publishing

autobus (m)	**autobus** (m)	[auˈtɔbus]
tram (m)	**tramwaj** (m)	[ˈtramvaj]
filobus (m)	**trolejbus** (m)	[trɔˈlejbus]
itinerario (m)	**trasa** (ż)	[ˈtrasa]
numero (m)	**numer** (m)	[ˈnumɛr]
andare in ...	**jechać w ...**	[ˈehatʃ v]
salire (~ sull'autobus)	**wsiąść**	[fɕɔ̃ɕtʃ]
scendere da ...	**zsiąść z ...**	[zɕɔ̃ɕtʃ z]
fermata (f) (~ dell'autobus)	**przystanek** (m)	[pʃisˈtanɛk]
prossima fermata (f)	**następny przystanek** (m)	[nasˈtɛ̃pni pʃisˈtanɛk]
capolinea (m)	**stacja** (ż) **końcowa**	[ˈstatsʰja kɔɲˈtsɔva]
orario (m)	**rozkład** (m) **jazdy**	[ˈrɔskwad ˈjazdi]
aspettare (vt)	**czekać**	[ˈtʃɛkatʃ]
biglietto (m)	**bilet** (m)	[ˈbilet]
prezzo (m) del biglietto	**cena** (ż) **biletu**	[ˈtsɛna biˈletu]
cassiere (m)	**kasjer** (m), **kasjerka** (ż)	[ˈkasʰer], [kasʰerka]
controllo (m) dei biglietti	**kontrola** (ż) **biletów**	[kɔntˈrɔʎa biˈletɔʃ]
bigliettaio (m)	**kontroler** (m) **biletów**	[kɔntˈrɔler biˈletɔʃ]
essere in ritardo	**spóźniać się**	[ˈspuʑɲatʃ ɕɛ̃]
perdere (~ il treno)	**spóźnić się**	[ˈspuʑɲitʃ ɕɛ̃]
avere fretta	**śpieszyć się**	[ˈɕpeʃitʃ ɕɛ̃]
taxi (m)	**taksówka** (ż)	[takˈsufka]
taxista (m)	**taksówkarz** (m)	[takˈsufkaʃ]
in taxi	**taksówką**	[takˈsufkɔ̃]
parcheggio (m) di taxi	**postój** (m) **taksówek**	[ˈpostuj takˈsuvɛk]
chiamare un taxi	**wezwać taksówkę**	[ˈvɛzvatʃ takˈsufkɛ̃]
prendere un taxi	**wziąć taksówkę**	[vʑɔ̃ʲtʃ takˈsufkɛ̃]
traffico (m)	**ruch** (m) **uliczny**	[ruh uˈlitʃni]
ingorgo (m)	**korek** (m)	[ˈkɔrɛk]
ore (f pl) di punta	**godziny** (l.mn.) **szczytu**	[gɔˈdʑini ˈʃtʃitu]
parcheggiarsi (vr)	**parkować**	[parˈkɔvatʃ]
parcheggiare (vt)	**parkować**	[parˈkɔvatʃ]
parcheggio (m)	**parking** (m)	[ˈparkiŋk]
metropolitana (f)	**metro** (n)	[ˈmɛtrɔ]
stazione (f)	**stacja** (ż)	[ˈstatsʰja]
prendere la metropolitana	**jechać metrem**	[ˈehatʃ ˈmɛtrɛm]

| treno (m) | pociąg (m) | ['pɔtʃɔ̃k] |
| stazione (f) ferroviaria | dworzec (m) | ['dvɔʒɛʦ] |

28. Città. Vita di città

città (f)	miasto (n)	['mʲastɔ]
capitale (f)	stolica (ż)	[stɔ'liʦa]
villaggio (m)	wieś (ż)	[veɕ]

mappa (f) della città	plan (m) miasta	[pʎan 'mʲasta]
centro (m) della città	centrum (n) miasta	['ʦɛntrum 'mʲasta]
sobborgo (m)	dzielnica (ż) podmiejska	[dʑɛʎ'niʦa pɔd'mejska]
suburbano (agg)	podmiejski	[pɔd'mejski]

periferia (f)	peryferie (l.mn.)	[pɛri'fɛrʰe]
dintorni (m pl)	okolice (l.mn.)	[ɔkɔ'liʦɛ]
isolato (m)	osiedle (n)	[ɔ'ɕedle]
quartiere residenziale	osiedle (n) mieszkaniowe	[ɔ'ɕedle meʃka'nɔvɛ]

traffico (m)	ruch (m) uliczny	[ruh u'litʃnʲi]
semaforo (m)	światła (l.mn.)	['ɕfʲatwa]
trasporti (m pl) urbani	komunikacja (ż) publiczna	[kɔmuni'kaʦʰja pub'litʃna]
incrocio (m)	skrzyżowanie (n)	[skʃiʒɔ'vane]

passaggio (m) pedonale	przejście (n)	['pʃɛjɕʧe]
sottopassaggio (m)	przejście (n) podziemne	['pʃɛjɕʧe pɔ'dʑemnɛ]
attraversare (vt)	przechodzić	[pʃɛ'hɔdʑiʧ]
pedone (m)	pieszy (m)	['peʃi]
marciapiede (m)	chodnik (m)	['hɔdnik]

ponte (m)	most (m)	[mɔst]
banchina (f)	nadbrzeże (n)	[nadb'ʒɛʒɛ]
fontana (f)	fontanna (ż)	[fɔn'taɲa]

vialetto (m)	aleja (ż)	[a'leja]
parco (m)	park (m)	[park]
boulevard (m)	bulwar (m)	['buʎvar]
piazza (f)	plac (m)	[pʎaʦ]
viale (m), corso (m)	aleja (ż)	[a'leja]
via (f), strada (f)	ulica (ż)	[u'liʦa]
vicolo (m)	zaułek (m)	[za'uwɛk]
vicolo (m) cieco	ślepa uliczka (ż)	['ɕlepa u'litʃka]

casa (f)	dom (m)	[dɔm]
edificio (m)	budynek (m)	[bu'dɪnɛk]
grattacielo (m)	wieżowiec (m)	[ve'ʒɔvɛʦ]

| facciata (f) | fasada (ż) | [fa'sada] |
| tetto (m) | dach (m) | [dah] |

finestra (f)	okno (n)	['ɔknɔ]
arco (m)	łuk (m)	[wuk]
colonna (f)	kolumna (ż)	[kɔ'lymna]
angolo (m)	róg (m)	[ruk]

vetrina (f)	witryna (ż)	[vit'rina]
insegna (f) (di negozi, ecc.)	szyld (m)	[ʃiʎt]
cartellone (m)	afisz (m)	['afiʃ]
cartellone (m) pubblicitario	plakat (m) reklamowy	['pʎakat rɛkʎa'mɔvi]
tabellone (m) pubblicitario	billboard (m)	['biʎbɔrt]

pattume (m), spazzatura (f)	śmiecie (l.mn.)	['ɕmetʃe]
pattumiera (f)	kosz (m) na śmieci	[kɔʃ na 'ɕmetʃi]
sporcare (vi)	śmiecić	['ɕmetʃitʃ]
discarica (f) di rifiuti	wysypisko (n) śmieci	[visipiskɔ 'ɕmetʃi]

cabina (f) telefonica	budka (ż) telefoniczna	['butka tɛlefɔ'nitʃna]
lampione (m)	słup (m) oświetleniowy	[swup ɔɕvetle'nɔvi]
panchina (f)	ławka (ż)	['wafka]

poliziotto (m)	policjant (m)	[pɔ'litsʰjant]
polizia (f)	policja (ż)	[pɔ'litsʰja]
mendicante (m)	żebrak (m)	['ʒɛbrak]
barbone (m)	bezdomny (m)	[bɛz'dɔmni]

29. Servizi cittadini

negozio (m)	sklep (m)	[sklep]
farmacia (f)	apteka (ż)	[ap'tɛka]
ottica (f)	optyk (m)	['ɔptik]
centro (m) commerciale	centrum (n) handlowe	['tsɛntrum hand'lɔvɛ]
supermercato (m)	supermarket (m)	[supɛr'markɛt]

panetteria (f)	sklep (m) z pieczywem	[sklep s pet'ʃivɛm]
fornaio (m)	piekarz (m)	['pekaʃ]
pasticceria (f)	cukiernia (ż)	[tsu'kerɲa]
drogheria (f)	sklep (m) spożywczy	[sklep spɔ'ʒivtʃi]
macelleria (f)	sklep (m) mięsny	[sklep 'mensni]

| fruttivendolo (m) | warzywniak (m) | [va'ʒivɲak] |
| mercato (m) | targ (m) | [tark] |

caffè (m)	kawiarnia (ż)	[ka'vʲarɲa]
ristorante (m)	restauracja (ż)	[rɛstau'ratsʰja]
birreria (f), pub (m)	piwiarnia (ż)	[pi'vʲarɲa]
pizzeria (f)	pizzeria (ż)	[pi'tserʰja]

salone (m) di parrucchiere	salon (m) fryzjerski	['salɔn frizʰ'erski]
ufficio (m) postale	poczta (ż)	['pɔtʃta]
lavanderia (f) a secco	pralnia (ż) chemiczna	['praʎɲa hɛ'mitʃna]

studio (m) fotografico	zakład (m) fotograficzny	['zakwat fɔtɔgra'fitʃni]
negozio (m) di scarpe	sklep (m) obuwniczy	[sklep ɔbuv'nitʃi]
libreria (f)	księgarnia (z)	[kɕɛ̃'garɲa]
negozio (m) sportivo	sklep (m) sportowy	[sklep spɔr'tɔvi]
riparazione (f) di abiti	reperacja (z) odzieży	[rɛpɛ'ratsʰja ɔ'dʒeʒi]
noleggio (m) di abiti	wypożyczanie (n) strojów okazjonalnych	[vipɔʒi'tʃane strɔ'juv ɔkazʲɔ'naʎnih]
noleggio (m) di film	wypożyczalnia (z) filmów	[vipɔʒit'ʃaʎɲa 'fiʎmuf]
circo (m)	cyrk (m)	[tsirk]
zoo (m)	zoo (n)	['zɔː]
cinema (m)	kino (n)	['kinɔ]
museo (m)	muzeum (n)	[mu'zɛum]
biblioteca (f)	biblioteka (z)	[biblʲɔ'tɛka]
teatro (m)	teatr (m)	['tɛatr]
teatro (m) dell'opera	opera (z)	['ɔpɛra]
locale notturno (m)	klub nocny (m)	[klyp 'nɔtsni]
casinò (m)	kasyno (n)	[ka'sinɔ]
moschea (f)	meczet (m)	['mɛtʃɛt]
sinagoga (f)	synagoga (z)	[sina'gɔga]
cattedrale (f)	katedra (z)	[ka'tɛdra]
tempio (m)	świątynia (z)	[ɕfɔ̃'tiɲa]
chiesa (f)	kościół (m)	['kɔʃtʃɔw]
istituto (m)	instytut (m)	[ins'titut]
università (f)	uniwersytet (m)	[uni'vɛrsitɛt]
scuola (f)	szkoła (z)	['ʃkɔwa]
prefettura (f)	urząd (m) dzielnicowy	['uʒɔ̃d dʒeʎnitsɔvi]
municipio (m)	urząd (m) miasta	['uʒɔ̃t 'mʲasta]
albergo, hotel (m)	hotel (m)	['hɔtɛʎ]
banca (f)	bank (m)	[baŋk]
ambasciata (f)	ambasada (z)	[amba'sada]
agenzia (f) di viaggi	agencja (z) turystyczna	[a'gɛntsʰja turis'titʃna]
ufficio (m) informazioni	informacja (z)	[infɔr'matsʰja]
ufficio (m) dei cambi	kantor (m)	['kantɔr]
metropolitana (f)	metro (n)	['mɛtrɔ]
ospedale (m)	szpital (m)	['ʃpitaʎ]
distributore (m) di benzina	stacja (z) benzynowa	['statsʰja bɛnzi'nɔva]
parcheggio (m)	parking (m)	['parkiŋk]

30. Cartelli

insegna (f) (di negozi, ecc.)	szyld (m)	[ʃiʎt]
iscrizione (f)	napis (m)	['napis]

cartellone (m)	plakat (m)	['pʎakat]
segnale (m) di direzione	drogowskaz (m)	[drɔ'gɔfskas]
freccia (f)	strzałka (z)	['stʃawka]

avvertimento (m)	ostrzeżenie (n)	[ɔstʃɛ'ʒɛne]
avviso (m)	przestroga (z)	[pʃɛst'rɔga]
avvertire, avvisare (vt)	ostrzegać	[ɔst'ʃɛgatʃ]

giorno (m) di riposo	dzień (m) wolny	[dʒeɲ 'vɔʎni]
orario (m)	rozkład (m) jazdy	['rɔskwad 'jazdi]
orario (m) di apertura	godziny (l.mn.) pracy	[gɔ'dʒini 'pratsi]

BENVENUTI!	WITAMY!	[vi'tami]
ENTRATA	WEJŚCIE	['vɛjɕtʃe]
USCITA	WYJŚCIE	['vijɕtʃe]

SPINGERE	PCHAĆ	[phatʃ]
TIRARE	CIĄGNĄĆ	[tʃɔ̃gnɔɲtʃ]
APERTO	OTWARTE	[ɔt'fartɛ]
CHIUSO	ZAMKNIĘTE	[zamk'nentɛ]

DONNE	DLA PAŃ	[dʎa paɲ]
UOMINI	DLA MĘŻCZYZN	[dʎa 'mɛ̃ʒtʃizn]

SCONTI	ZNIŻKI	['zniʃki]
SALDI	WYPRZEDAŻ	[vip'ʃɛdaʃ]
NOVITÀ!	NOWOŚĆ!	['nɔvɔɕtʃ]
GRATIS	GRATIS	['gratis]

ATTENZIONE!	UWAGA!	[u'vaga]
COMPLETO	BRAK MIEJSC	[brak mejsts]
RISERVATO	REZERWACJA	[rɛzɛr'vatsʰja]

AMMINISTRAZIONE	ADMINISTRACJA	[administ'ratsʰja]
RISERVATO AL PERSONALE	WEJŚCIE SŁUŻBOWE	['vɛjɕtʃe swuʒ'bɔvɛ]

ATTENTI AL CANE	UWAGA! ZŁY PIES	[u'vaga zwi pes]
VIETATO FUMARE!	ZAKAZ PALENIA!	['zakas pa'leɲa]
NON TOCCARE	NIE DOTYKAĆ!	[ne dɔ'tikatʃ]

PERICOLOSO	NIEBEZPIECZNY	[nebɛs'petʃni]
PERICOLO	NIEBEZPIECZEŃSTWO	[nebɛspetʃɛɲstfɔ]
ALTA TENSIONE	WYSOKIE NAPIĘCIE	[visɔke napɛ̃tʃe]
DIVIETO DI BALNEAZIONE	KĄPIEL WZBRONIONA	[kɔmpeʎ vzbrɔnɔ̃a]
GUASTO	NIECZYNNE	[netʃiɲɛ]

INFIAMMABILE	ŁATWOPALNE	[vatvɔ'paʎnɛ]
VIETATO	ZAKAZ	['zakas]
VIETATO L'INGRESSO	ZAKAZ PRZEJŚCIA	['zakas 'pʃɛjɕtʃa]
VERNICE FRESCA	ŚWIEŻO MALOWANE	['ɕfeʒɔ malɜ'vanɛ]

31. Acquisti

comprare (vt)	kupować	[ku'pɔvatʃ]
acquisto (m)	zakup (m)	['zakup]
fare acquisti	robić zakupy	['rɔbitʃ za'kupɨ]
shopping (m)	zakupy (l.mn.)	[za'kupɨ]
essere aperto (negozio)	być czynnym	[bɨtʃ 'tʃɨnɨm]
essere chiuso	być nieczynnym	[bɨtʃ net'ʃɨnɨm]
calzature (f pl)	obuwie (n)	[ɔ'buve]
abbigliamento (m)	odzież (ż)	['ɔdʒeʃ]
cosmetica (f)	kosmetyki (l.mn.)	[kɔs'mɛtɨki]
alimentari (m pl)	artykuły (l.mn.) spożywcze	[arti'kuwɨ spɔ'ʒɨftʃɛ]
regalo (m)	prezent (m)	['prɛzɛnt]
commesso (m)	ekspedient (m)	[ɛks'pɛdʰent]
commessa (f)	ekspedientka (ż)	[ɛksped'ʰentka]
cassa (f)	kasa (ż)	['kasa]
specchio (m)	lustro (n)	['lystrɔ]
banco (m)	lada (ż)	['ʎada]
camerino (m)	przymierzalnia (ż)	[pʃime'ʒaʎna]
provare (~ un vestito)	przymierzyć	[pʃi'meʒɨtʃ]
stare bene (vestito)	pasować	[pa'sɔvatʃ]
piacere (vi)	podobać się	[pɔ'dɔbatʃ ɕɛ̃]
prezzo (m)	cena (ż)	['tsɛna]
etichetta (f) del prezzo	metka (ż)	['mɛtka]
costare (vt)	kosztować	[kɔʃ'tɔvatʃ]
Quanto?	Ile kosztuje?	['ile kɔʃ'tue]
sconto (m)	zniżka (ż)	['zniʃka]
no muy caro (agg)	niedrogi	[ned'rɔgi]
a buon mercato	tani	['tani]
caro (agg)	drogi	['drɔgi]
È caro	To dużo kosztuje	[tɔ 'duʒɔ kɔʃ'tue]
noleggio (m)	wypożyczalnia (ż)	[vɨpɔʒit'ʃaʎna]
noleggiare (~ un abito)	wypożyczyć	[vɨpɔ'ʒitʃɨtʃ]
credito (m)	kredyt (m)	['krɛdɨt]
a credito	na kredyt	[na 'krɛdɨt]

ABBIGLIAMENTO E ACCESSORI

T&P Books Publishing

32. Indumenti. Soprabiti

vestiti (m pl)	odzież (ż)	['ɔdʒeʃ]
soprabito (m)	wierzchnie okrycie (n)	['veʃhne ɔk'ritʃe]
abiti (m pl) invernali	odzież (ż) zimowa	['ɔdʒeʒ ʒi'mɔva]
cappotto (m)	palto (n)	['paʎtɔ]
pelliccia (f)	futro (n)	['futrɔ]
pellicciotto (m)	futro (n) krótkie	['futrɔ 'krɔtkɛ]
piumino (m)	kurtka (ż) puchowa	['kurtka pu'hɔva]
giubbotto (m), giaccha (f)	kurtka (ż)	['kurtka]
impermeabile (m)	płaszcz (m)	[pwaʃʧ]
impermeabile (agg)	nieprzemakalny	[nepʃɛma'kaʎni]

33. Abbigliamento uomo e donna

camicia (f)	koszula (ż)	[kɔ'ʃuʎa]
pantaloni (m pl)	spodnie (l.mn.)	['spɔdne]
jeans (m pl)	dżinsy (l.mn.)	['dʒinsi]
giacca (f) (~ di tweed)	marynarka (ż)	[mari'narka]
abito (m) da uomo	garnitur (m)	[gar'nitur]
abito (m)	sukienka (ż)	[su'keŋka]
gonna (f)	spódnica (ż)	[spud'nitsa]
camicetta (f)	bluzka (ż)	['blyska]
giacca (f) a maglia	sweterek (m)	[sfɛ'tɛrɛk]
giacca (f) tailleur	żakiet (m)	['ʒaket]
maglietta (f)	koszulka (ż)	[kɔ'ʃuʎka]
pantaloni (m pl) corti	spodenki (l.mn.)	[spɔ'dɛŋki]
tuta (f) sportiva	dres (m)	[drɛs]
accappatoio (m)	szlafrok (m)	['ʃʎafrɔk]
pigiama (m)	pidżama (ż)	[pi'dʒama]
maglione (m)	sweter (m)	['sfɛtɛr]
pullover (m)	pulower (m)	[pu'lɔvɛr]
gilè (m)	kamizelka (ż)	[kami'zɛʎka]
frac (m)	frak (m)	[frak]
smoking (m)	smoking (m)	['smɔkiŋk]
uniforme (f)	uniform (m)	[u'nifɔrm]
tuta (f) da lavoro	ubranie (n) robocze	[ub'rane rɔ'bɔtʃɛ]

| salopette (f) | kombinezon (m) | [kɔmbi'nɛzɔn] |
| camice (m) (~ del dottore) | kitel (m) | ['kitɛʎ] |

34. Abbigliamento. Biancheria intima

biancheria (f) intima	bielizna (z)	[be'lizna]
maglietta (f) intima	podkoszulek (m)	[pɔtkɔ'ʃulek]
calzini (m pl)	skarpety (l.mn.)	[skar'pɛti]

camicia (f) da notte	koszula (z) nocna	[kɔ'ʃuʎa 'nɔtsna]
reggiseno (m)	biustonosz (m)	[bys'tɔnɔʃ]
calzini (m pl) alti	podkolanówki (l.mn.)	[pɔdkɔʎa'nufki]
collant (m)	rajstopy (l.mn.)	[rajs'tɔpi]
calze (f pl)	pończochy (l.mn.)	[pɔɲt'ʃɔhi]
costume (m) da bagno	kostium (m) kąpielowy	['kɔstʰjum kɔ̃pelɔvi]

35. Copricapo

cappello (m)	czapka (z)	['t͡ʃapka]
cappello (m) di feltro	kapelusz (m) fedora	[ka'pɛlyʃ fɛ'dɔra]
cappello (m) da baseball	bejsbolówka (z)	[bɛjsbɔ'lyfka]
coppola (f)	kaszkiet (m)	['kaʃket]

basco (m)	beret (m)	['bɛrɛt]
cappuccio (m)	kaptur (m)	['kaptur]
panama (m)	panama (z)	[pa'nama]

| fazzoletto (m) da capo | chustka (z) | ['hustka] |
| cappellino (m) donna | kapelusik (m) | [kapɛ'lyɕik] |

casco (m) (~ di sicurezza)	kask (m)	[kask]
bustina (f)	furażerka (z)	[fura'ʒɛrka]
casco (m) (~ moto)	hełm (m)	[hɛwm]

| bombetta (f) | melonik (m) | [mɛ'lɔnik] |
| cilindro (m) | cylinder (m) | [t͡si'lindɛr] |

36. Calzature

calzature (f pl)	obuwie (n)	[ɔ'buve]
stivaletti (m pl)	buty (l.mn.)	['buti]
scarpe (f pl)	pantofle (l.mn.)	[pan'tɔfle]
stivali (m pl)	kozaki (l.mn.)	[kɔ'zaki]
pantofole (f pl)	kapcie (l.mn.)	['kapt͡ʃe]
scarpe (f pl) da tennis	adidasy (l.mn.)	[adi'dasi]
scarpe (f pl) da ginnastica	tenisówki (l.mn.)	[tɛni'sufki]

sandali (m pl)	sandały (l.mn.)	[san'dawɨ]
calzolaio (m)	szewc (m)	[ʃɛfts]
tacco (m)	obcas (m)	['ɔbtsas]
paio (m)	para (z)	['para]

laccio (m)	sznurowadło (n)	[ʃnurɔ'vadwɔ]
allacciare (vt)	sznurować	[ʃnu'rɔvatʃ]
calzascarpe (m)	łyżka (z) do butów	['wɨʒka dɔ 'butuf]
lucido (m) per le scarpe	pasta (z) do butów	['pasta dɔ 'butuf]

37. Accessori personali

guanti (m pl)	rękawiczki (l.mn.)	[rɛ̆ka'vitʃki]
manopole (f pl)	rękawiczki (l.mn.)	[rɛ̆ka'vitʃki]
sciarpa (f)	szalik (m)	['ʃalik]

occhiali (m pl)	okulary (l.mn.)	[ɔku'ʎarɨ]
montatura (f)	oprawka (z)	[ɔp'rafka]
ombrello (m)	parasol (m)	[pa'rasɔʎ]
bastone (m)	laska (z)	['ʎaska]
spazzola (f) per capelli	szczotka (z) do włosów	['ʃtʃotka dɔ 'vwɔsuv]
ventaglio (m)	wachlarz (m)	['vahʎaʃ]

cravatta (f)	krawat (m)	['kravat]
cravatta (f) a farfalla	muszka (z)	['muʃka]
bretelle (f pl)	szelki (l.mn.)	['ʃɛʎki]
fazzoletto (m)	chusteczka (z) do nosa	[hus'tɛtʃka dɔ 'nɔsa]

pettine (m)	grzebień (m)	['gʒɛbeɲ]
fermaglio (m)	spinka (z)	['spiŋka]
forcina (f)	szpilka (z)	['ʃpiʎka]
fibbia (f)	sprzączka (z)	['spʃɔ̃tʃka]

cintura (f)	pasek (m)	['pasɛk]
spallina (f)	pasek (m)	['pasɛk]

borsa (f)	torba (z)	['tɔrba]
borsetta (f)	torebka (z)	[tɔ'rɛpka]
zaino (m)	plecak (m)	['pletsak]

38. Abbigliamento. Varie

moda (f)	moda (z)	['mɔda]
di moda	modny	['mɔdnɨ]
stilista (m)	projektant (m) mody	[prɔ'ektant 'mɔdɨ]

collo (m)	kołnierz (m)	['kɔwneʃ]
tasca (f)	kieszeń (z)	['keʃɛɲ]

tascabile (agg)	kieszonkowy	[keʃɔ'ŋkɔvɨ]
manica (f)	rękaw (m)	['rɛŋkaf]
asola (f) per appendere	wieszak (m)	['veʃak]
patta (f) (~ dei pantaloni)	rozporek (m)	[rɔs'pɔrɛk]
cerniera (f) lampo	zamek (m) błyskawiczny	['zamɛk bwiska'vitʃnɨ]
chiusura (f)	zapięcie (m)	[za'pɛ̃tʃe]
bottone (m)	guzik (m)	['guʑik]
occhiello (m)	dziurką (z) na guzik	['dʑyrka na gu'ʒik]
staccarsi (un bottone)	urwać się	['urvatʃ ɕɛ̃]
cucire (vi, vt)	szyć	[ʃɨtʃ]
ricamare (vi, vt)	haftować	[haf'tɔvatʃ]
ricamo (m)	haft (m)	[haft]
ago (m)	igła (z)	['igwa]
filo (m)	nitka (z)	['nitka]
cucitura (f)	szew (m)	[ʃɛf]
sporcarsi (vr)	wybrudzić się	[vɨb'rudʑitʃ ɕɛ̃]
macchia (f)	plama (z)	['pʎama]
sgualcirsi (vr)	zmiąć się	[zmɔ̃itʃ ɕɛ̃]
strappare (vt)	rozerwać	[rɔ'zɛrvatʃ]
tarma (f)	mól (m)	[muʎ]

39. Cura della persona. Cosmetici

dentifricio (m)	pasta (z) do zębów	['pasta dɔ 'zɛ̃buf]
spazzolino (m) da denti	szczoteczka (z) do zębów	[ʃtʃɔ'tɛtʃka dɔ 'zɛ̃buf]
lavarsi i denti	myć zęby	[mɨtʃ 'zɛ̃bɨ]
rasoio (m)	maszynka (z) do golenia	[ma'ʃɨŋka dɔ gɔ'leɲa]
crema (f) da barba	krem (m) do golenia	[krɛm dɔ gɔ'leɲa]
rasarsi (vr)	golić się	['gɔlitʃ ɕɛ̃]
sapone (m)	mydło (n)	['mɨdwɔ]
shampoo (m)	szampon (m)	['ʃampɔn]
forbici (f pl)	nożyczki (l.mn.)	[nɔ'ʒɨtʃki]
limetta (f)	pilnik (m) do paznokci	['piʎnik dɔ paz'nɔktʃi]
tagliaunghie (m)	cążki (l.mn.) do paznokci	['tsɔ̃ʃki dɔ paz'nɔktʃi]
pinzette (f pl)	pinceta (z)	[pin'tsɛta]
cosmetica (f)	kosmetyki (l.mn.)	[kɔs'mɛtɨki]
maschera (f) di bellezza	maseczka (z)	[ma'sɛtʃka]
manicure (m)	manikiur (m)	[ma'nikyr]
fare la manicure	robić manikiur	['rɔbitʃ ma'nikyr]
pedicure (m)	pedikiur (m)	[pɛ'dikyr]
borsa (f) del trucco	kosmetyczka (z)	[kɔsmɛ'tɨtʃka]
cipria (f)	puder (m)	['pudɛr]

| portacipria (m) | puderniczka (ż) | [pudɛr'niʧka] |
| fard (m) | róż (m) | [ruʃ] |

profumo (m)	perfumy (l.mn.)	[pɛr'fumi]
acqua (f) da toeletta	woda (ż) toaletowa	['vɔda tɔale'tɔva]
lozione (f)	płyn (m) kosmetyczny	[pwin kɔsmɛ'tiʧni]
acqua (f) di Colonia	woda (ż) kolońska	['vɔda kɔ'lɔŋska]

ombretto (m)	cienie (l.mn.) do powiek	['ʧene dɔ 'povek]
eyeliner (m)	kredka (ż) do oczu	['krɛtka dɔ 'ɔʧu]
mascara (m)	tusz (m) do rzęs	[tuʃ dɔ ʒɛs]

rossetto (m)	szminka (ż)	['ʃmiŋka]
smalto (m)	lakier (m) do paznokci	['ʎaker dɔ paz'nɔkʨi]
lacca (f) per capelli	lakier (m) do włosów	['ʎaker dɔ 'vwɔsuv]
deodorante (m)	dezodorant (m)	[dɛzɔ'dɔrant]

crema (f)	krem (m)	[krɛm]
crema (f) per il viso	krem (m) do twarzy	[krɛm dɔ 'tfaʒi]
crema (f) per le mani	krem (m) do rąk	[krɛm dɔ rɔ̃k]
da giorno	na dzień	['na dʒeɲ]
da notte	nocny	['nɔʦni]

tampone (m)	tampon (m)	['tampɔn]
carta (f) igienica	papier (m) toaletowy	['paper tɔale'tɔvi]
fon (m)	suszarka (ż) do włosów	[su'ʃarka dɔ 'vwɔsuv]

40. Orologi da polso. Orologio

orologio (m) (~ da polso)	zegarek (m)	[zɛ'garɛk]
quadrante (m)	tarcza (ż) zegarowa	['tarʧa zɛga'rɔva]
lancetta (f)	wskazówka (ż)	[fska'zɔfka]
braccialetto (m)	bransoleta (ż)	[bransɔ'leta]
cinturino (m)	pasek (m)	['pasɛk]

pila (f)	bateria (ż)	[ba'tɛrʲja]
essere scarico	wyczerpać się	[vit'ʃɛrpaʧ ɕɛ̃]
cambiare la pila	wymienić baterię	[vi'meniʧ ba'tɛrʲɛ̃]
andare avanti	śpieszyć się	['ɕpeʃiʧ ɕɛ̃]
andare indietro	spóźnić się	['spuʑʲniʧ ɕɛ̃]

orologio (m) da muro	zegar (m) ścienny	['zɛgar 'ɕʧeɲi]
clessidra (f)	klepsydra (ż)	[klɛp'sidra]
orologio (m) solare	zegar (m) słoneczny	['zɛgar swɔ'nɛʦni]
sveglia (f)	budzik (m)	['budʒik]
orologiaio (m)	zegarmistrz (m)	[zɛ'garmistʃ]
riparare (vt)	naprawiać	[nap'ravʲaʧ]

T&P BOOKS

L'ESPERIENZA QUOTIDIANA

T&P Books Publishing

41. Denaro

soldi (m pl)	**pieniądze** (l.mn.)	[penɔ̃dzɛ]
cambio (m)	**wymiana** (ż)	[vi'mʲana]
corso (m) di cambio	**kurs** (m)	[kurs]
bancomat (m)	**bankomat** (m)	[ba'ŋkɔmat]
moneta (f)	**moneta** (ż)	[mɔ'nɛta]
dollaro (m)	**dolar** (m)	['dɔʎar]
euro (m)	**euro** (m)	['ɛurɔ]
lira (f)	**lir** (m)	[lir]
marco (m)	**marka** (ż)	['marka]
franco (m)	**frank** (m)	[fraŋk]
sterlina (f)	**funt szterling** (m)	[funt 'ʃtɛrliŋk]
yen (m)	**jen** (m)	[en]
debito (m)	**dług** (m)	[dwuk]
debitore (m)	**dłużnik** (m)	['dwuʒnik]
prestare (~ i soldi)	**pożyczyć**	[pɔ'ʒitʃitʃ]
prendere in prestito	**pożyczyć od ...**	[pɔ'ʒitʃitʃ ɔt]
banca (f)	**bank** (m)	[baŋk]
conto (m)	**konto** (n)	['kɔntɔ]
versare sul conto	**wpłacić na konto**	['vpwatʃitʃ na 'kɔntɔ]
prelevare dal conto	**podjąć z konta**	['pɔdʰɔ̃tʃ s 'kɔnta]
carta (f) di credito	**karta** (ż) **kredytowa**	['karta krɛdi'tɔva]
contanti (m pl)	**gotówka** (ż)	[gɔ'tufka]
assegno (m)	**czek** (m)	[tʃɛk]
emettere un assegno	**wystawić czek**	[vis'tavitʃ tʃɛk]
libretto (m) di assegni	**książeczka** (ż) **czekowa**	[kɕɔ̃'ʒetʃka tʃɛ'kɔva]
portafoglio (m)	**portfel** (m)	['pɔrtfɛʎ]
borsellino (m)	**portmonetka** (ż)	[pɔrtmɔ'nɛtka]
cassaforte (f)	**sejf** (m)	[sɛjf]
erede (m)	**spadkobierca** (m)	[spatkɔ'bertsa]
eredità (f)	**spadek** (m)	['spadɛk]
fortuna (f)	**majątek** (m)	[maɔ̃tɛk]
affitto (m), locazione (f)	**dzierżawa** (ż)	[dʒer'ʒava]
canone (m) d'affitto	**czynsz** (m)	[tʃinʃ]
affittare (dare in affitto)	**wynajmować**	[vinaj'mɔvatʃ]
prezzo (m)	**cena** (ż)	['tsɛna]
costo (m)	**wartość** (ż)	['vartɔɕtʃ]

somma (f)	suma (ż)	['suma]
spendere (vt)	wydawać	[vi'davatɕ]
spese (f pl)	wydatki (l.mn.)	[vi'datki]
economizzare (vi, vt)	oszczędzać	[ɔʃt'ʃɛndzatɕ]
economico (agg)	ekonomiczny	[ɛkɔnɔ'miʧni]

pagare (vi, vt)	płacić	['pwaʧiʧ]
pagamento (m)	opłata (ż)	[ɔp'wata]
resto (m) (dare il ~)	reszta (ż)	['rɛʃta]

imposta (f)	podatek (m)	[pɔ'datɛk]
multa (f), ammenda (f)	kara (ż)	['kara]
multare (vt)	karać grzywną	['karaʧ 'gʒivnɔ̃]

42. Posta. Servizio postale

ufficio (m) postale	poczta (ż)	['pɔʧta]
posta (f) (lettere, ecc.)	poczta (ż)	['pɔʧta]
postino (m)	listonosz (m)	[lis'tɔnɔʃ]
orario (m) di apertura	godziny (l.mn.) pracy	[gɔ'dʑini 'praʦi]

lettera (f)	list (m)	[list]
raccomandata (f)	list (m) polecony	[list pɔle'ʦɔni]
cartolina (f)	pocztówka (ż)	[pɔʧ'tufka]
telegramma (m)	telegram (m)	[tɛ'legram]
pacco (m) postale	paczka (ż)	['paʧka]
vaglia (m) postale	przekaz (m) pieniężny	['pʃɛkas pe'nenʒni]

ricevere (vt)	odebrać	[ɔ'dɛbratɕ]
spedire (vt)	wysłać	['viswatɕ]
invio (m)	wysłanie (n)	[vis'wane]

| indirizzo (m) | adres (m) | ['adrɛs] |
| codice (m) postale | kod (m) pocztowy | [kɔt pɔʧ'tɔvi] |

| mittente (m) | nadawca (m) | [na'dafʦa] |
| destinatario (m) | odbiorca (m) | [ɔd'bɔrʦa] |

| nome (m) | imię (n) | ['imɛ̃] |
| cognome (m) | nazwisko (n) | [naz'viskɔ] |

tariffa (f)	taryfa (ż)	[ta'rifa]
ordinario (agg)	zwykła	['zvikwa]
standard (agg)	oszczędna	[ɔʃt'ʃɛndna]

peso (m)	ciężar (m)	['ʧenʒar]
pesare (vt)	ważyć	['vaʒiʧ]
busta (f)	koperta (ż)	[kɔ'pɛrta]
francobollo (m)	znaczek (m)	['znaʧɛk]
affrancare (vt)	naklejać znaczek	[nak'lejaʧ 'znaʧɛk]

43. Attività bancaria

banca (f)	bank (m)	[baŋk]
filiale (f)	filia (z)	['fiʎja]
consulente (m)	konsultant (m)	[kɔn'suʎtant]
direttore (m)	kierownik (m)	[ke'rɔvnik]
conto (m) bancario	konto (n)	['kɔntɔ]
numero (m) del conto	numer (m) konta	['numɛr 'kɔnta]
conto (m) corrente	rachunek (m) bieżący	[ra'hunɛk be'ʒɔ̃tsɨ]
conto (m) di risparmio	rachunek (m) oszczędnościowy	[ra'hunɛk ɔʃt͡ʃɛ̃dnɔɕ'tɕovi]
aprire un conto	założyć konto	[za'wɔʒɨt͡ʃ 'kɔntɔ]
chiudere il conto	zamknąć konto	['zamknɔ̃nt͡ʃ 'kɔ̃tɔ]
versare sul conto	wpłacić na konto	['vpwat͡ɕit͡ɕ na 'kɔntɔ]
prelevare dal conto	podjąć z konta	['pɔdʰɔ̃t͡ʃ s 'kɔnta]
deposito (m)	wkład (m)	[fkwat]
depositare (vt)	dokonać wpłaty	[dɔ'kɔnat͡ʃ 'fpwatɨ]
trasferimento (m) telegrafico	przelew (m)	['pʃɛlev]
rimettere i soldi	dokonać przelewu	[dɔ'kɔnat͡ʃ pʃɛ'levu]
somma (f)	suma (z)	['suma]
Quanto?	Ile?	['ile]
firma (f)	podpis (m)	['pɔdpis]
firmare (vt)	podpisać	[pɔd'pisat͡ʃ]
carta (f) di credito	karta (z) kredytowa	['karta krɛdi'tɔva]
codice (m)	kod (m)	[kɔd]
numero (m) della carta di credito	numer (m) karty kredytowej	['numɛr 'kartɨ krɛdi'tɔvɛj]
bancomat (m)	bankomat (m)	[ba'ŋkɔmat]
assegno (m)	czek (m)	[t͡ʃɛk]
emettere un assegno	wystawić czek	[vɨs'tavit͡ʃ t͡ʃɛk]
libretto (m) di assegni	książeczka (z) czekowa	[kɕɔ̃'ʒɛt͡ʃka t͡ʃɛ'kɔva]
prestito (m)	kredyt (m)	['krɛdit]
fare domanda per un prestito	wystąpić o kredyt	[vɨs'tɔ̃pit͡ʃ ɔ 'krɛdit]
ottenere un prestito	brać kredyt	[brat͡ʃ 'krɛdit]
concedere un prestito	udzielać kredytu	[u'd͡zeʎat͡ʃ krɛ'ditu]
garanzia (f)	gwarancja (z)	[gva'rant͡sʰja]

44. Telefono. Conversazione telefonica

telefono (m)	telefon (m)	[tɛ'lefɔn]
telefonino (m)	telefon (m) komórkowy	[tɛ'lefɔn kɔmur'kɔvi]
segreteria (f) telefonica	sekretarka (ż)	[sɛkrɛ'tarka]
telefonare (vi, vt)	dzwonić	['dzvɔnitʃ]
chiamata (f)	telefon (m)	[tɛ'lefɔn]
comporre un numero	wybrać numer	['vibratʃ 'numɛr]
Pronto!	Halo!	['halɜ]
chiedere (domandare)	zapytać	[za'pitatʃ]
rispondere (vi, vt)	odpowiedzieć	[ɔtpɔ'vedʑetʃ]
udire (vt)	słyszeć	['swiʃɛtʃ]
bene	dobrze	['dɔbʒɛ]
male	źle	[ʑʲle]
disturbi (m pl)	zakłócenia (l.mn.)	[zakwu'tsɛɲa]
cornetta (f)	słuchawka (ż)	[swu'hafka]
alzare la cornetta	podnieść słuchawkę	['pɔdnɛɕtʃ swu'hafkɛ̃]
riattaccare la cornetta	odłożyć słuchawkę	[ɔd'wɔʑitʃ swu'hafkɛ̃]
occupato (agg)	zajęty	[za'enti]
squillare (del telefono)	dzwonić	['dzvɔnitʃ]
elenco (m) telefonico	książka (ż) telefoniczna	[kɕɔ̃ʃka tɛlefɔ'nitʃna]
locale (agg)	miejscowy	[mejs'tsɔvi]
interurbano (agg)	międzymiastowy	[mɛ̃dʑimʲas'tɔvi]
internazionale (agg)	międzynarodowy	[mɛ̃dʑinarɔ'dɔvi]

45. Telefono cellulare

telefonino (m)	telefon (m) komórkowy	[tɛ'lefɔn kɔmur'kɔvi]
schermo (m)	wyświetlacz (m)	[viɕ'fetʎatʃ]
tasto (m)	klawisz (m)	['kʎaviʃ]
scheda SIM (f)	karta (ż) SIM	['karta sim]
pila (f)	bateria (ż)	[ba'tɛrʲja]
essere scarico	rozładować się	[rɔzwa'dɔvatʃ ɕɛ̃]
caricabatteria (m)	ładowarka (ż)	[wadɔ'varka]
menù (m)	menu (n)	['menu]
impostazioni (f pl)	ustawienia (l.mn.)	[usta'veɲa]
melodia (f)	melodia (ż)	[mɛ'lɔdʲja]
scegliere (vt)	wybrać	['vibratʃ]
calcolatrice (f)	kalkulator (m)	[kaʎku'ʎatɔr]
segreteria (f) telefonica	sekretarka (ż)	[sɛkrɛ'tarka]

sveglia (f)	budzik (m)	['budʒik]
contatti (m pl)	kontakty (l.mn.)	[kɔn'takti]

messaggio (m) SMS	SMS (m)	[ɛs ɛm ɛs]
abbonato (m)	abonent (m)	[a'bɔnɛnt]

46. Articoli di cancelleria

penna (f) a sfera	długopis (m)	[dwu'gɔpis]
penna (f) stilografica	pióro (n)	['pyrɔ]

matita (f)	ołówek (m)	[ɔ'wuvɛk]
evidenziatore (m)	marker (m)	['markɛr]
pennarello (m)	flamaster (m)	[fʎa'mastɛr]

taccuino (m)	notes (m)	['nɔtɛs]
agenda (f)	kalendarz (m)	[ka'lendaʃ]

righello (m)	linijka (ż)	[li'nijka]
calcolatrice (f)	kalkulator (m)	[kaʎku'ʎatɔr]
gomma (f) per cancellare	gumka (ż)	['gumka]
puntina (f)	pinezka (ż)	[pi'nɛska]
graffetta (f)	spinacz (m)	['spinatʃ]

colla (f)	klej (m)	[klej]
pinzatrice (f)	zszywacz (m)	['sʃivatʃ]
perforatrice (f)	dziurkacz (m)	['dʒyrkatʃ]
temperamatite (m)	temperówka (ż)	[tɛmpɛ'rufka]

47. Lingue straniere

lingua (f)	język (m)	['enzik]
lingua (f) straniera	obcy język (m)	['ɔbtsi 'enzik]
studiare (vt)	studiować	[studʰ'ɔvatʃ]
imparare (una lingua)	uczyć się	['utʃitʃ ɕɛ̃]

leggere (vi, vt)	czytać	['tʃitatʃ]
parlare (vi, vt)	mówić	['muvitʃ]
capire (vt)	rozumieć	[rɔ'zumetʃ]
scrivere (vi, vt)	pisać	['pisatʃ]

rapidamente	szybko	['ʃipkɔ]
lentamente	wolno	['vɔʎnɔ]
correntemente	swobodnie	[sfɔ'bodne]

regole (f pl)	reguły (l.mn.)	[rɛ'guwi]
grammatica (f)	gramatyka (ż)	[gra'matika]
lessico (m)	słownictwo (n)	[swɔv'niʦtfɔ]

fonetica (f)	**fonetyka** (ż)	[fɔ'nɛtika]
manuale (m)	**podręcznik** (m)	[pɔd'rɛntʃnik]
dizionario (m)	**słownik** (m)	['swɔvnik]
manuale (m) autodidattico	**samouczek** (m)	[samɔ'utʃɛk]
frasario (m)	**rozmówki** (l.mn.)	[rɔz'mufki]
cassetta (f)	**kaseta** (ż)	[ka'sɛta]
videocassetta (f)	**kaseta** (ż) **wideo**	[ka'sɛta vi'dɛɔ]
CD (m)	**płyta CD** (ż)	['pwita si'di]
DVD (m)	**płyta DVD** (ż)	['pwita divi'di]
alfabeto (m)	**alfabet** (m)	[aʎ'fabɛt]
compitare (vt)	**przeliterować**	[pʃɛlite'rɔvatʃ]
pronuncia (f)	**wymowa** (ż)	[vi'mɔva]
accento (m)	**akcent** (m)	['aktsɛnt]
con un accento	**z akcentem**	[z ak'tsɛntɛm]
senza accento	**bez akcentu**	[bɛz ak'tsɛntu]
vocabolo (m)	**wyraz** (m), **słowo** (n)	['viras], ['svɔvɔ]
significato (m)	**znaczenie** (n)	[zna'tʃɛnie]
corso (m) (~ di francese)	**kurs** (m)	[kurs]
iscriversi (vr)	**zapisać się**	[za'pisatʃ ɕɛ̃]
insegnante (m, f)	**wykładowca** (m)	[vikwa'dɔftsa]
traduzione (f) (fare una ~)	**tłumaczenie** (n)	[twumat'ʃɛne]
traduzione (f) (un testo)	**przekład** (m)	['pʃɛkwat]
traduttore (m)	**tłumacz** (m)	['twumatʃ]
interprete (m)	**tłumacz** (m)	['twumatʃ]
poliglotta (m)	**poliglota** (m)	[pɔlig'lɔta]
memoria (f)	**pamięć** (ż)	['pamɛ̃tʃ]

PASTI. RISTORANTE

T&P Books Publishing

cucchiaio (m)	łyżka (ż)	['wiʃka]
coltello (m)	nóż (m)	[nuʃ]
forchetta (f)	widelec (m)	[vi'dɛlɛts]
tazza (f)	filiżanka (ż)	[fili'ʒaŋka]
piatto (m)	talerz (m)	['talɛʃ]
piattino (m)	spodek (m)	['spodɛk]
tovagliolo (m)	serwetka (ż)	[sɛr'vɛtka]
stuzzicadenti (m)	wykałaczka (ż)	[vɨka'watʃka]

ristorante (m)	restauracja (ż)	[rɛstau'ratsʰja]
caffè (m)	kawiarnia (ż)	[ka'vʲarɲa]
pub (m), bar (m)	bar (m)	[bar]
sala (f) da tè	herbaciarnia (ż)	[hɛrba'tʃʲarɲa]
cameriere (m)	kelner (m)	['kɛʎnɛr]
cameriera (f)	kelnerka (ż)	[kɛʎ'nɛrka]
barista (m)	barman (m)	['barman]
menù (m)	menu (n)	['menu]
lista (f) dei vini	karta (ż) win	['karta vin]
prenotare un tavolo	zarezerwować stolik	[zarɛzɛrvɔvatʃ 'stɔlik]
piatto (m)	danie (n)	['dane]
ordinare (~ il pranzo)	zamówić	[za'muvitʃ]
fare un'ordinazione	zamówić	[za'muvitʃ]
aperitivo (m)	aperitif (m)	[apɛri'tif]
antipasto (m)	przystawka (ż)	[pʃis'tafka]
dolce (m)	deser (m)	['dɛsɛr]
conto (m)	rachunek (m)	[ra'hunɛk]
pagare il conto	zapłacić rachunek	[zap'watʃitʃ ra'hunɛk]
dare il resto	wydać resztę	['vɨdatʃ 'rɛʃtɛ̃]
mancia (f)	napiwek (m)	[na'pivɛk]

cibo (m)	jedzenie (n)	[e'dzɛne]
mangiare (vi, vt)	jeść	[ectʃ]

colazione (f)	śniadanie (n)	[ɕɲa'dane]
fare colazione	jeść śniadanie	[eɕʧ ɕɲa'dane]
pranzo (m)	obiad (m)	['ɔbʲat]
pranzare (vi)	jeść obiad	[eɕʧ 'ɔbʲat]
cena (f)	kolacja (ż)	[kɔ'ʎatsʲja]
cenare (vi)	jeść kolację	[eɕʧ kɔ'ʎatsʰɛ̃]
appetito (m)	apetyt (m)	[a'pɛtit]
Buon appetito!	Smacznego!	[smaʧ'nɛgɔ]
aprire (vt)	otwierać	[ɔt'feraʧ]
rovesciare (~ il vino, ecc.)	rozlać	['rɔzʎaʧ]
rovesciarsi (vr)	rozlać się	['rɔzʎaʧ ɕɛ̃]
bollire (vi)	gotować się	[gɔ'tɔvaʧ ɕɛ̃]
far bollire	gotować	[gɔ'tɔvaʧ]
bollito (agg)	gotowany	[gɔtɔ'vani]
raffreddare (vt)	ostudzić	[ɔs'tudʑiʧ]
raffreddarsi (vr)	stygnąć	['stignɔ̃ʧ]
gusto (m)	smak (m)	[smak]
retrogusto (m)	posmak (m)	['pɔsmak]
essere a dieta	odchudzać się	[ɔd'hudzaʧ ɕɛ̃]
dieta (f)	dieta (ż)	['dʰeta]
vitamina (f)	witamina (ż)	[vita'mina]
caloria (f)	kaloria (ż)	[ka'lɔrja]
vegetariano (m)	wegetarianin (m)	[vɛgɛtarʰˈjanin]
vegetariano (agg)	wegetariański	[vɛgɛtarʰˈjaɲski]
grassi (m pl)	tłuszcze (l.mn.)	['twuʃʧɛ]
proteine (f pl)	białka (l.mn.)	['bʲawka]
carboidrati (m pl)	węglowodany (l.mn.)	[vɛnɛ̃ɡvɔ'dani]
fetta (f), fettina (f)	plasterek (m)	[pʎas'tɛrɛk]
pezzo (m) (~ di torta)	kawałek (m)	[ka'vawɛk]
briciola (f) (~ di pane)	okruchek (m)	[ɔk'ruhɛk]

51. Pietanze cucinate

piatto (m) (~ principale)	danie (n)	['dane]
cucina (f)	kuchnia (ż)	['kuhɲa]
ricetta (f)	przepis (m)	['pʃɛpis]
porzione (f)	porcja (ż)	['pɔrtsʰʲja]
insalata (f)	sałatka (ż)	[sa'watka]
minestra (f)	zupa (ż)	['zupa]
brodo (m)	rosół (m)	['rɔsuw]
panino (m)	kanapka (ż)	[ka'napka]
uova (f pl) al tegamino	jajecznica (ż)	[jaeʧ'nitsa]

hamburger (m)	**hamburger** (m)	[ham'burgɛr]
bistecca (f)	**befsztyk** (m)	['bɛfʃtik]
contorno (m)	**dodatki** (l.mn.)	[dɔ'datki]
spaghetti (m pl)	**spaghetti** (n)	[spa'gɛtti]
pizza (f)	**pizza** (ż)	['pitsa]
porridge (m)	**kasza** (ż)	['kaʃa]
frittata (f)	**omlet** (m)	['ɔmlɛt]
bollito (agg)	**gotowany**	[gotɔ'vani]
affumicato (agg)	**wędzony**	[vɛ̃'dzɔni]
fritto (agg)	**smażony**	[sma'ʒɔni]
secco (agg)	**suszony**	[su'ʃɔni]
congelato (agg)	**mrożony**	[mrɔ'ʒɔni]
sottoaceto (agg)	**marynowany**	[marinɔ'vani]
dolce (gusto)	**słodki**	['swɔtki]
salato (agg)	**słony**	['swɔni]
freddo (agg)	**zimny**	['ʒimni]
caldo (agg)	**gorący**	[gɔ'rõtsi]
amaro (agg)	**gorzki**	['gɔʃki]
buono, gustoso (agg)	**smaczny**	['smatʃni]
cuocere, preparare (vt)	**gotować**	[gɔ'tɔvatʃ]
cucinare (vi)	**gotować**	[gɔ'tɔvatʃ]
friggere (vt)	**smażyć**	['smaʒitʃ]
riscaldare (vt)	**odgrzewać**	[ɔdg'ʒɛvatʃ]
salare (vt)	**solić**	['sɔlitʃ]
pepare (vt)	**pieprzyć**	['pepʃitʃ]
grattugiare (vt)	**trzeć**	[tʃɛtʃ]
buccia (f)	**skórka** (ż)	['skurka]
sbucciare (vt)	**obierać**	[ɔ'beratʃ]

52. Cibo

carne (f)	**mięso** (n)	['mensɔ]
pollo (m)	**kurczak** (m)	['kurtʃak]
pollo (m) novello	**kurczak** (m)	['kurtʃak]
anatra (f)	**kaczka** (ż)	['katʃka]
oca (f)	**gęś** (ż)	[gɛ̃ɕ]
cacciagione (f)	**dziczyzna** (ż)	[dʒit'ʃizna]
tacchino (m)	**indyk** (m)	['indik]
maiale (m)	**wieprzowina** (ż)	[vepʃɔ'vina]
vitello (m)	**cielęcina** (ż)	[tʃelɛ̃'tʃina]
agnello (m)	**baranina** (ż)	[bara'nina]
manzo (m)	**wołowina** (ż)	[vɔwɔ'vina]
coniglio (m)	**królik** (m)	['krulik]
salame (m)	**kiełbasa** (ż)	[kew'basa]

w?rstel (m)	parówka (z)	[pa'rufka]
pancetta (f)	boczek (m)	['botʃɛk]
prosciutto (m)	szynka (z)	['ʃiŋka]
prosciutto (m) affumicato	szynka (z)	['ʃiŋka]

pâté (m)	pasztet (m)	['paʃtɛt]
fegato (m)	wątróbka (z)	[võt'rupka]
carne (f) trita	farsz (m)	[farʃ]
lingua (f)	ozór (m)	['ɔzur]

uovo (m)	jajko (n)	['jajkɔ]
uova (f pl)	jajka (l.mn.)	['jajka]
albume (m)	białko (n)	['bʲawkɔ]
tuorlo (m)	żółtko (n)	['ʒuwtkɔ]

pesce (m)	ryba (z)	['rɨba]
frutti (m pl) di mare	owoce (l.mn.) morza	[ɔ'vɔtsɛ 'mɔʒa]
caviale (m)	kawior (m)	['kavʲɔr]

granchio (m)	krab (m)	[krap]
gamberetto (m)	krewetka (z)	[krɛ'vɛtka]
ostrica (f)	ostryga (z)	[ɔst'rɨga]
aragosta (f)	langusta (z)	[ʎa'ŋusta]
polpo (m)	ośmiornica (z)	[ɔɕmʲɔr'nitsa]
calamaro (m)	kałamarnica (z)	[kawamar'nitsa]

storione (m)	mięso (n) jesiotra	['mɛnsɔ e'ɕɔtra]
salmone (m)	łosoś (m)	['wɔsɔɕ]
ippoglosso (m)	halibut (m)	[ħa'libut]

merluzzo (m)	dorsz (m)	[dɔrʃ]
scombro (m)	makrela (z)	[mak'rɛla]
tonno (m)	tuńczyk (m)	['tuɲtʃik]
anguilla (f)	węgorz (m)	['vɛŋɔʃ]

trota (f)	pstrąg (m)	[pstrõk]
sardina (f)	sardynka (z)	[sar'dɨŋka]
luccio (m)	szczupak (m)	['ʃtʃupak]
aringa (f)	śledź (m)	[ɕletʃ]

pane (m)	chleb (m)	[hlep]
formaggio (m)	ser (m)	[sɛr]
zucchero (m)	cukier (m)	['tsuker]
sale (m)	sól (z)	[suʎ]

riso (m)	ryż (m)	[rɨʃ]
pasta (f)	makaron (m)	[ma'karɔn]
tagliatelle (f pl)	makaron (m)	[ma'karɔn]

burro (m)	masło (n) śmietankowe	['maswɔ ɕmeta'ŋkɔvɛ]
olio (m) vegetale	olej (m) roślinny	['ɔlej rɔɕliɲi]
olio (m) di girasole	olej (m) słonecznikowy	['ɔlej swɔnɛtʃnikɔvi]

margarina (f)	margaryna (ż)	[marga'rina]
olive (f pl)	oliwki (ż, l.mn.)	[ɔ'lifki]
olio (m) d'oliva	olej (m) oliwkowy	['ɔlej ɔlif'kɔvi]

latte (m)	mleko (n)	['mlekɔ]
latte (m) condensato	mleko skondensowane	['mlekɔ skɔndɛnsɔ'vanɛ]
yogurt (m)	jogurt (m)	[ʒgurt]
panna (f) acida	śmietana (ż)	[ɕme'tana]
panna (f)	śmietanka (ż)	[ɕme'taŋka]

| maionese (m) | majonez (m) | [maʒnɛs] |
| crema (f) | krem (m) | [krɛm] |

cereali (m pl)	kasza (ż)	['kaʃa]
farina (f)	mąka (ż)	['mɔ̃ka]
cibi (m pl) in scatola	konserwy (l.mn.)	[kɔn'sɛrvi]

fiocchi (m pl) di mais	płatki (l.mn.) kukurydziane	['pwatki kukuri'dʑanɛ]
miele (m)	miód (m)	[myt]
marmellata (f)	dżem (m)	[dʒɛm]
gomma (f) da masticare	guma (ż) do żucia	['guma dɔ 'ʒutʃa]

53. Bevande

acqua (f)	woda (ż)	['vɔda]
acqua (f) potabile	woda (ż) pitna	['vɔda 'pitna]
acqua (f) minerale	woda (ż) mineralna	['vɔda minɛ'raʎna]

liscia (non gassata)	niegazowana	[nega'zɔvana]
gassata (agg)	gazowana	[ga'zɔvana]
frizzante (agg)	gazowana	[ga'zɔvana]
ghiaccio (m)	lód (m)	[lyt]
con ghiaccio	z lodem	[z 'lɔdɛm]

analcolico (agg)	bezalkoholowy	[bɛzaʎkɔhɔ'lɔvi]
bevanda (f) analcolica	napój (m) bezalkoholowy	['napuj bɛzalkɔhɔ'lɔvi]
bibita (f)	napój (m) orzeźwiający	['napuj ɔʒɛʑ'vjaɕtɕi]
limonata (f)	lemoniada (ż)	[lemɔ'ɲjada]

bevande (f pl) alcoliche	napoje (l.mn.) alkoholowe	[na'pɔe aʎkɔhɔ'lɔvɛ]
vino (m)	wino (n)	['vinɔ]
vino (m) bianco	białe wino (n)	['bʲawɛ 'vinɔ]
vino (m) rosso	czerwone wino (n)	[tʃɛr'vɔnɛ 'vinɔ]

liquore (m)	likier (m)	['liker]
champagne (m)	szampan (m)	['ʃampan]
vermouth (m)	wermut (m)	['vɛrmut]

| whisky | whisky (ż) | [u'iski] |
| vodka (f) | wódka (ż) | ['vutka] |

gin (m)	dżin (m), gin (m)	[dʒin]
cognac (m)	koniak (m)	['kɔɲjak]
rum (m)	rum (m)	[rum]

caffè (m)	kawa (ż)	['kava]
caffè (m) nero	czarna kawa (ż)	['tʃarna 'kava]
caffè latte (m)	kawa (ż) z mlekiem	['kava z 'mlekem]
cappuccino (m)	cappuccino (n)	[kapu'tʃino]
caffè (m) solubile	kawa (ż) rozpuszczalna	['kava rɔspuʃt'ʃaʎna]

latte (m)	mleko (n)	['mlekɔ]
cocktail (m)	koktajl (m)	['kɔktajʎ]
frullato (m)	koktajl (m) mleczny	['kɔktajʎ 'mletʃni]

succo (m)	sok (m)	[sɔk]
succo (m) di pomodoro	sok (m) pomidorowy	[sɔk pɔmidɔ'rɔvi]
succo (m) d'arancia	sok (m) pomarańczowy	[sɔk pɔmaraɲt'ʃovi]
spremuta (f)	sok (m) ze świeżych owoców	[sɔk zɛ 'ɕfeʒih ɔ'vɔtsuf]

birra (f)	piwo (n)	['pivɔ]
birra (f) chiara	piwo (n) jasne	[pivɔ 'jasnɛ]
birra (f) scura	piwo (n) ciemne	[pivɔ 'tʃemnɛ]

tè (m)	herbata (ż)	[hɛr'bata]
tè (m) nero	czarna herbata (ż)	['tʃarna hɛr'bata]
tè (m) verde	zielona herbata (ż)	[ʒe'lɔna hɛr'bata]

54. Verdure

| ortaggi (m pl) | warzywa (l.mn.) | [va'ʒiva] |
| verdura (f) | włoszczyzna (ż) | [vwɔʃt'ʃizna] |

pomodoro (m)	pomidor (m)	[pɔ'midɔr]
cetriolo (m)	ogórek (m)	[ɔ'gurɛk]
carota (f)	marchew (ż)	['marhɛf]
patata (f)	ziemniak (m)	[ʒem'ɲak]
cipolla (f)	cebula (ż)	[tsɛ'buʎa]
aglio (m)	czosnek (m)	['tʃosnɛk]

cavolo (m)	kapusta (ż)	[ka'pusta]
cavolfiore (m)	kalafior (m)	[ka'ʎafɔr]
cavoletti (m pl) di Bruxelles	brukselka (ż)	[bruk'sɛʎka]
broccolo (m)	brokuły (l.mn.)	[brɔ'kuwɨ]

barbabietola (f)	burak (m)	['burak]
melanzana (f)	bakłażan (m)	[bak'waʒan]
zucchina (f)	kabaczek (m)	[ka'batʃɛk]
zucca (f)	dynia (ż)	['diɲa]
rapa (f)	rzepa (ż)	['ʒɛpa]

prezzemolo (m)	pietruszka (z)	[pet'ruʃka]
aneto (m)	koperek (m)	[kɔ'pɛrɛk]
lattuga (f)	sałata (ż)	[sa'wata]
sedano (m)	seler (m)	['sɛler]
asparago (m)	szparagi (l.mn.)	[ʃpa'ragi]
spinaci (m pl)	szpinak (m)	['ʃpinak]
pisello (m)	groch (m)	[grɔh]
fave (f pl)	bób (m)	[bup]
mais (m)	kukurydza (z)	[kuku'ridza]
fagiolo (m)	fasola (z)	[fa'sɔʎa]
peperone (m)	słodka papryka (z)	['swɔdka pap'rika]
ravanello (m)	rzodkiewka (z)	[ʒɔt'kefka]
carciofo (m)	karczoch (m)	['kartʃɔh]

55. Frutta. Noci

frutto (m)	owoc (m)	['ɔvɔts]
mela (f)	jabłko (n)	['jabkɔ]
pera (f)	gruszka (z)	['gruʃka]
limone (m)	cytryna (z)	[tsit'rina]
arancia (f)	pomarańcza (z)	[pɔma'rantʃa]
fragola (f)	truskawka (z)	[trus'kafka]
mandarino (m)	mandarynka (z)	[manda'rinka]
prugna (f)	śliwka (z)	['ɕlifka]
pesca (f)	brzoskwinia (z)	[bʒɔsk'fiɲa]
albicocca (f)	morela (z)	[mɔ'rɛʎa]
lampone (m)	malina (z)	[ma'lina]
ananas (m)	ananas (m)	[a'nanas]
banana (f)	banan (m)	['banan]
anguria (f)	arbuz (m)	['arbus]
uva (f)	winogrona (l.mn.)	[vinɔg'rɔna]
amarena (f)	wiśnia (z)	['viɕɲa]
ciliegia (f)	czereśnia (z)	[tʃɛ'rɛɕɲa]
melone (m)	melon (m)	['mɛlɔn]
pompelmo (m)	grejpfrut (m)	['grɛjpfrut]
avocado (m)	awokado (n)	[avɔ'kadɔ]
papaia (f)	papaja (z)	[pa'paja]
mango (m)	mango (n)	['maŋɔ]
melagrana (f)	granat (m)	['granat]
ribes (m) rosso	czerwona porzeczka (z)	[tʃɛr'vɔna pɔ'ʒɛtʃka]
ribes (m) nero	czarna porzeczka (z)	['tʃarna pɔ'ʒɛtʃka]
uva (f) spina	agrest (m)	['agrɛst]
mirtillo (m)	borówka (z) czarna	[bɔ'rɔfka 'tʃarna]
mora (f)	jeżyna (z)	[e'ʒina]

uvetta (f)	rodzynek (m)	[rɔ'dʑinɛk]
fico (m)	figa (ż)	['figa]
dattero (m)	daktyl (m)	['daktɨl]

arachide (f)	orzeszek (l.mn.) ziemny	[ɔ'ʒɛʃɛk 'ʒemnɛ]
mandorla (f)	migdał (m)	['migdaw]
noce (f)	orzech (m) włoski	['ɔʒɛh 'vwɔski]
nocciola (f)	orzech (m) laskowy	['ɔʒɛh ʎas'kɔvi]
noce (f) di cocco	orzech (m) kokosowy	['ɔʒɛh kɔkɔ'sɔvi]
pistacchi (m pl)	fistaszki (l.mn.)	[fis'taʃki]

56. Pane. Dolci

pasticceria (f)	wyroby (l.mn.) cukiernicze	[vɨ'rɔbɨ tsuker'nitʃɛ]
pane (m)	chleb (m)	[hlep]
biscotti (m pl)	herbatniki (l.mn.)	[hɛrbat'niki]

cioccolato (m)	czekolada (ż)	[tʃɛkɔ'ʎada]
al cioccolato (agg)	czekoladowy	[tʃɛkɔʎa'dɔvi]
caramella (f)	cukierek (m)	[tsu'kerɛk]
tortina (f)	ciastko (n)	['tʃastkɔ]
torta (f)	tort (m)	[tɔrt]

| crostata (f) | ciasto (n) | ['tʃastɔ] |
| ripieno (m) | nadzienie (n) | [na'dʑene] |

marmellata (f)	konfitura (ż)	[kɔnfi'tura]
marmellata (f) di agrumi	marmolada (ż)	[marmɔ'ʎada]
wafer (m)	wafle (l.mn.)	['vafle]
gelato (m)	lody (l.mn.)	['lɔdɨ]

57. Spezie

sale (m)	sól (ż)	[suʎ]
salato (agg)	słony	['swɔnɨ]
salare (vt)	solić	['sɔlitʃ]

pepe (m) nero	pieprz (m) czarny	[pepʃ 'tʃarnɨ]
peperoncino (m)	papryka (ż)	[pap'rika]
senape (f)	musztarda (ż)	[muʃ'tarda]
cren (m)	chrzan (m)	[hʃan]

condimento (m)	przyprawa (ż)	[pʃɨp'rava]
spezie (f pl)	przyprawa (ż)	[pʃɨp'rava]
salsa (f)	sos (m)	[sɔs]
aceto (m)	ocet (m)	['ɔtset]
anice (m)	anyż (m)	['aniʃ]
basilico (m)	bazylia (ż)	[ba'ziʎja]

chiodi (m pl) di garofano	**goździki** (l.mn.)	['gɔzˈdʑiki]
zenzero (m)	**imbir** (m)	['imbir]
coriandolo (m)	**kolendra** (ż)	[kɔ'lendra]
cannella (f)	**cynamon** (m)	[ʦi'namɔn]
sesamo (m)	**sezam** (m)	['sɛzam]
alloro (m)	**liść** (m) **laurowy**	[liɕʧ ʎau'rɔvi]
paprica (f)	**papryka** (ż)	[pap'rika]
cumino (m)	**kminek** (m)	['kminɛk]
zafferano (m)	**szafran** (m)	['ʃafran]

BOOKS

INFORMAZIONI PERSONALI. FAMIGLIA

T&P Books Publishing

nome (m)	imię (n)	['imɛ̃]
cognome (m)	nazwisko (n)	[naz'viskɔ]
data (f) di nascita	data (z) urodzenia	['data urɔ'dzɛɲa]
luogo (m) di nascita	miejsce (n) urodzenia	['mejstsɛ urɔ'dzɛɲa]

nazionalità (f)	narodowość (ż)	[narɔ'dɔvɔɕʧ]
domicilio (m)	miejsce (n) zamieszkania	['mejstse zameʃ'kaɲa]
paese (m)	kraj (m)	[kraj]
professione (f)	zawód (m)	['zavut]

sesso (m)	płeć (ż)	['pwɛʧ]
statura (f)	wzrost (m)	[vzrɔst]
peso (m)	waga (z)	['vaga]

madre (f)	matka (z)	['matka]
padre (m)	ojciec (m)	['ɔjʧets]
figlio (m)	syn (m)	[sɨn]
figlia (f)	córka (z)	['tsurka]

figlia (f) minore	młodsza córka (z)	['mwɔtʃa 'tsurka]
figlio (m) minore	młodszy syn (m)	['mwɔtʃi sɨn]
figlia (f) maggiore	starsza córka (z)	['starʃa 'tsurka]
figlio (m) maggiore	starszy syn (m)	['starʃi sɨn]

| fratello (m) | brat (m) | [brat] |
| sorella (f) | siostra (z) | ['ɕɔstra] |

cugino (m)	kuzyn (m)	['kuzin]
cugina (f)	kuzynka (z)	[ku'ziŋka]
mamma (f)	mama (z)	['mama]
papà (m)	tata (m)	['tata]
genitori (m pl)	rodzice (l.mn.)	[rɔ'dʑitsɛ]
bambino (m)	dziecko (n)	['dʑetskɔ]
bambini (m pl)	dzieci (l.mn.)	['dʑeʧi]

nonna (f)	babcia (z)	['babʧa]
nonno (m)	dziadek (m)	['dʑ ͡adɛk]
nipote (m) (figlio di un figlio)	wnuk (m)	[vnuk]
nipote (f)	wnuczka (z)	['vnuʧka]
nipoti (pl)	wnuki (l.mn.)	['vnuki]

zio (m)	wujek (m)	['vuek]
zia (f)	ciocia (ż)	['tɕotɕʲa]
nipote (m) (figlio di un fratello)	bratanek (m), siostrzeniec (m)	[bra'tanɛk], [sɔst'ʃɛnɛts]
nipote (f)	bratanica (ż), siostrzenica (ż)	[brata'nitsa], [sɔst'ʃɛnitsa]
suocera (f)	teściowa (ż)	[tɛɕ'tɕova]
suocero (m)	teść (m)	[tɛɕtɕ]
genero (m)	zięć (m)	[ʒɛ̃tɕ]
matrigna (f)	macocha (ż)	[ma'tsɔha]
patrigno (m)	ojczym (m)	['ɔjtʃim]
neonato (m)	niemowlę (n)	[ne'mɔvlɛ̃]
infante (m)	niemowlę (n)	[ne'mɔvlɛ̃]
bimbo (m), ragazzino (m)	maluch (m)	['malyh]
moglie (f)	żona (ż)	['ʒɔna]
marito (m)	mąż (m)	[mɔ̃ʃ]
coniuge (m)	małżonek (m)	[maw'ʒɔnɛk]
coniuge (f)	małżonka (ż)	[maw'ʒɔŋka]
sposato (agg)	żonaty	[ʒɔ'nati]
sposata (agg)	zamężna	[za'mɛnʒna]
celibe (agg)	nieżonaty	[neʒɔ'nati]
scapolo (m)	kawaler (m)	[ka'valer]
divorziato (agg)	rozwiedziony	[rɔzve'dʑɔni]
vedova (f)	wdowa (ż)	['vdɔva]
vedovo (m)	wdowiec (m)	['vdɔvets]
parente (m)	krewny (m)	['krɛvni]
parente (m) stretto	bliski krewny (m)	['bliski 'krɛvni]
parente (m) lontano	daleki krewny (m)	[da'leki 'krɛvni]
parenti (m pl)	rodzina (ż)	[rɔ'dʑina]
orfano (m), orfana (f)	sierota (ż)	[ɕe'rɔta]
tutore (m)	opiekun (m)	[ɔ'pekun]
adottare (~ un bambino)	zaadoptować	[za:dɔp'tɔvatʃ]
adottare (~ una bambina)	zaadoptować	[za:dɔp'tɔvatʃ]

60. Amici. Colleghi

amico (m)	przyjaciel (m)	[pʃi'jatʃeʎ]
amica (f)	przyjaciółka (ż)	[pʃija'tʃuwka]
amicizia (f)	przyjaźń (ż)	['pʃijaʑɲ]
essere amici	przyjaźnić się	[pʃi'jaʑnitʃ ɕɛ̃]
amico (m) (inform.)	kumpel (m)	['kumpɛʎ]
amica (f) (inform.)	kumpela (ż)	[kum'pɛʎa]
partner (m)	partner (m)	['partnɛr]

capo (m)	**szef** (m)	[ʃɛf]
capo (m), superiore (m)	**kierownik** (m)	[ke'rɔvnik]
subordinato (m)	**podwładny** (m)	[pɔdv'wadnɨ]
collega (m)	**koleżanka** (ż)	[kɔle'ʒaŋka]
conoscente (m)	**znajomy** (m)	[znaʒmi]
compagno (m) di viaggio	**towarzysz** (m) **podróży**	[tɔ'vaʒiʃ pɔd'ruʒɨ]
compagno (m) di classe	**kolega** (m) **z klasy**	[kɔ'lega s 'kʎasɨ]
vicino (m)	**sąsiad** (m)	['sɔ̃ɕat]
vicina (f)	**sąsiadka** (ż)	[sɔ̃'ɕatka]
vicini (m pl)	**sąsiedzi** (l.mn.)	[sɔ̃'ɕeʥi]

T&P BOOKS

CORPO UMANO.
MEDICINALI

T&P Books Publishing

testa (f)	głowa (ż)	['gwɔva]
viso (m)	twarz (ż)	[tfaʃ]
naso (m)	nos (m)	[nɔs]
bocca (f)	usta (l.mn.)	['usta]
occhio (m)	oko (n)	['ɔkɔ]
occhi (m pl)	oczy (l.mn.)	['ɔtʃi]
pupilla (f)	źrenica (ż)	[ẓ're'nitsa]
sopracciglio (m)	brew (ż)	[brɛf]
ciglio (m)	rzęsy (l.mn.)	['ʒɛnsi]
palpebra (f)	powieka (ż)	[pɔ'veka]
lingua (f)	język (m)	['enzik]
dente (m)	ząb (m)	[zɔ̃mp]
labbra (f pl)	wargi (l.mn.)	['vargi]
zigomi (m pl)	kości (l.mn.) policzkowe	['kɔɕtɕi poliʧ'kɔvɛ]
gengiva (f)	dziąsło (n)	[dʒɔ̃swɔ]
palato (m)	podniebienie (n)	[pɔdne'bene]
narici (f pl)	nozdrza (l.mn.)	['nɔzdʒa]
mento (m)	podbródek (m)	[pɔdb'rudek]
mascella (f)	szczęka (ż)	['ʃʧɛŋka]
guancia (f)	policzek (m)	[pɔ'liʧɛk]
fronte (f)	czoło (n)	['ʧɔwɔ]
tempia (f)	skroń (ż)	[skrɔŋ]
orecchio (m)	ucho (n)	['uhɔ]
nuca (f)	potylica (ż)	[pɔti'litsa]
collo (m)	szyja (ż)	['ʃija]
gola (f)	gardło (n)	['gardwɔ]
capelli (m pl)	włosy (l.mn.)	['vwɔsi]
pettinatura (f)	fryzura (ż)	[fri'zura]
taglio (m)	uczesanie (n)	[uʧɛ'sane]
parrucca (f)	peruka (ż)	[pɛ'ruka]
baffi (m pl)	wąsy (l.mn.)	['vɔ̃si]
barba (f)	broda (ż)	['brɔda]
portare (~ la barba, ecc.)	nosić	['nɔɕiʧ]
treccia (f)	warkocz (m)	['varkɔʧ]
basette (f pl)	baczki (l.mn.)	['baʧki]
rosso (agg)	rudy	['rudi]
brizzolato (agg)	siwy	['ɕivi]

| calvo (agg) | łysy | ['wɨsi] |
| calvizie (f) | łysina (ż) | [wi'ɕina] |

| coda (f) di cavallo | koński ogon (m) | ['kɔnski 'ɔgɔn] |
| frangetta (f) | grzywka (ż) | ['gʒɨfka] |

62. Corpo umano

| mano (f) | dłoń (ż) | [dwɔɲ] |
| braccio (m) | ręka (ż) | ['rɛŋka] |

dito (m)	palec (m)	['palets]
pollice (m)	kciuk (m)	['ktʃuk]
mignolo (m)	mały palec (m)	['mawɨ 'palets]
unghia (f)	paznokieć (m)	[paz'nɔketʃ]

pugno (m)	pięść (ż)	[pɛ̃ɕtʃ]
palmo (m)	dłoń (ż)	[dwɔɲ]
polso (m)	nadgarstek (m)	[nad'garstɛk]
avambraccio (m)	przedramię (n)	[pʃɛd'ramɛ̃]

| gomito (m) | łokieć (n) | ['wɔketʃ] |
| spalla (f) | ramię (n) | ['ramɛ̃] |

gamba (f)	noga (ż)	['nɔga]
pianta (f) del piede	stopa (ż)	['stɔpa]
ginocchio (m)	kolano (n)	[kɔ'ʎanɔ]
polpaccio (m)	łydka (ż)	['wɨtka]

| anca (f) | biodro (n) | ['bɔdrɔ] |
| tallone (m) | pięta (ż) | ['penta] |

corpo (m)	ciało (n)	['tʃawɔ]
pancia (f)	brzuch (m)	[bʒuh]
petto (m)	pierś (ż)	[perɕ]
seno (m)	piersi (l.mn.)	['perɕi]
fianco (m)	bok (m)	[bɔk]
schiena (f)	plecy (l.mn.)	['pletsɨ]

| zona (f) lombare | krzyż (m) | [kʃɨʃ] |
| vita (f) | talia (ż) | ['taʎja] |

ombelico (m)	pępek (m)	['pɛ̃pɛk]
natiche (f pl)	pośladki (l.mn.)	[pɔɕ'ʎatki]
sedere (m)	tyłek (m)	['tɨwɛk]

neo (m)	pieprzyk (m)	['pepʃik]
voglia (f) (~ di fragola)	znamię (n)	['znamɛ̃]
tatuaggio (m)	tatuaż (m)	[ta'tuaʃ]
cicatrice (f)	blizna (ż)	['blizna]

63. Malattie

malattia (f)	choroba (ż)	[hɔ'rɔba]
essere malato	chorować	[hɔ'rɔvatʃ]
salute (f)	zdrowie (n)	['zdrɔvε]
raffreddore (m)	katar (m)	['katar]
tonsillite (f)	angina (ż)	[aŋina]
raffreddore (m)	przeziębienie (n)	[pʃεʒɛ̃'bεnε]
raffreddarsi (vr)	przeziębić się	[pʃɛ'ʒεmbitʃ ɕɛ̃]
bronchite (f)	zapalenie (n) oskrzeli	[zapa'lɛnε ɔsk'ʃɛli]
polmonite (f)	zapalenie (n) płuc	[zapa'lɛnε pwuts]
influenza (f)	grypa (ż)	['gripa]
miope (agg)	krótkowzroczny	[krutkɔvz'rɔtʃni]
presbite (agg)	dalekowzroczny	[dalekɔvz'rɔtʃni]
strabismo (m)	zez (m)	[zɛs]
strabico (agg)	zezowaty	[zɛzɔ'vati]
cateratta (f)	katarakta (ż)	[kata'rakta]
glaucoma (m)	jaskra (ż)	['jaskra]
ictus (m) cerebrale	wylew (m)	['vilɛf]
attacco (m) di cuore	zawał (m)	['zavaw]
infarto (m) miocardico	zawał (m) mięśnia sercowego	['zavaw 'mɛ̃ɕɲa sɛrtsɔ'vɛgɔ]
paralisi (f)	paraliż (m)	[pa'raliʃ]
paralizzare (vt)	sparaliżować	[sparali'ʒɔvatʃ]
allergia (f)	alergia (ż)	[a'lergʲja]
asma (f)	astma (ż)	['astma]
diabete (m)	cukrzyca (ż)	[tsuk'ʃitsa]
mal (m) di denti	ból (m) zęba	[buʎ 'zɛ̃ba]
carie (f)	próchnica (ż)	[pruh'nitsa]
diarrea (f)	rozwolnienie (n)	[rɔzvɔʎ'nene]
stitichezza (f)	zaparcie (n)	[za'partʃe]
disturbo (m) gastrico	rozstrój (m) żołądka	['rɔsstruj ʒɔ'wõtka]
intossicazione (f) alimentare	zatrucie (n) pokarmowe	[zat'rutʃe pɔkar'mɔvɛ]
intossicarsi (vr)	zatruć się	['zatrutʃ ɕɛ̃]
artrite (f)	artretyzm (m)	[art'rɛtizm]
rachitide (f)	krzywica (ż)	[kʃi'vitsa]
reumatismo (m)	reumatyzm (m)	[rɛu'matizm]
aterosclerosi (f)	miażdżyca (ż)	[mʲaʒ'dʒitsa]
gastrite (f)	nieżyt (m) żołądka	['neʒit ʒɔ'wõtka]
appendicite (f)	zapalenie (n) wyrostka robaczkowego	[zapa'lene vi'rɔstka rɔbatʃkɔ'vɛgɔ]

ulcera (f)	**wrzód** (m)	[vʒut]
morbillo (m)	**odra** (ż)	['ɔdra]
rosolia (f)	**różyczka** (ż)	[ru'ʒitʃka]
itterizia (f)	**żółtaczka** (ż)	[ʒuw'tatʃka]
epatite (f)	**zapalenie** (n) **wątroby**	[zapa'lene võt'rɔbi]
schizofrenia (f)	**schizofrenia** (ż)	[shizɔf'rɛnʰja]
rabbia (f)	**wścieklizna** (ż)	[vɕtʃek'lizna]
nevrosi (f)	**nerwica** (ż)	[nɛr'vitsa]
commozione (f) cerebrale	**wstrząs** (m) **mózgu**	[fstʃõs 'muzgu]
cancro (m)	**rak** (m)	[rak]
sclerosi (f)	**stwardnienie** (n)	[stvard'nene]
sclerosi (f) multipla	**stwardnienie** (n) **rozsiane**	[stfard'nene rɔz'ɕanɛ]
alcolismo (m)	**alkoholizm** (m)	[aʎkɔ'hɔlizm]
alcolizzato (m)	**alkoholik** (m)	[aʎkɔ'hɔlik]
sifilide (f)	**syfilis** (m)	[si'filis]
AIDS (m)	**AIDS** (m)	[ɛjts]
tumore (m)	**nowotwór** (m)	[nɔ'vɔtfur]
maligno (agg)	**złośliwa**	[zwɔɕ'liva]
benigno (agg)	**niezłośliwa**	[nezwɔɕ'liva]
febbre (f)	**febra** (ż)	['fɛbra]
malaria (f)	**malaria** (ż)	[ma'ʎarʰja]
cancrena (f)	**gangrena** (ż)	[gaŋ'rɛna]
mal (m) di mare	**choroba** (ż) **morska**	[hɔ'rɔba 'mɔrska]
epilessia (f)	**padaczka** (ż)	[pa'datʃka]
epidemia (f)	**epidemia** (ż)	[ɛpi'dɛmʰja]
tifo (m)	**tyfus** (m)	['tifus]
tubercolosi (f)	**gruźlica** (ż)	[gruʑ'litsa]
colera (m)	**cholera** (ż)	[hɔ'lera]
peste (f)	**dżuma** (ż)	['dʒuma]

64. Sintomi. Cure. Parte 1

sintomo (m)	**objaw** (m)	['ɔbʰjaf]
temperatura (f)	**temperatura** (ż)	[tɛmpɛra'tura]
febbre (f) alta	**gorączka** (ż)	[gɔ'rõtʃka]
polso (m)	**puls** (m)	[puʎs]
capogiro (m)	**zawrót** (m) **głowy**	['zavrut 'gwɔvi]
caldo (agg)	**gorący**	[gɔ'rõtsi]
brivido (m)	**dreszcz** (m)	['drɛʃtʃ]
pallido (un viso ~)	**blady**	['bʎadi]
tosse (f)	**kaszel** (m)	['kaʃɛʎ]
tossire (vi)	**kaszleć**	['kaʃletʃ]

starnutire (vi)	**kichać**	['kihatʃ]
svenimento (m)	**omdlenie** (n)	[ɔmd'lene]
svenire (vi)	**zemdleć**	['zɛmdletʃ]
livido (m)	**siniak** (m)	['ɕiɲak]
bernoccolo (m)	**guz** (m)	[gus]
farsi un livido	**uderzyć się**	[u'dɛʑitʃ ɕɛ̃]
contusione (f)	**stłuczenie** (n)	[stwut'ʃɛne]
farsi male	**potłuc się**	['pɔtwuts ɕɛ̃]
zoppicare (vi)	**kuleć**	['kuletʃ]
slogatura (f)	**zwichnięcie** (n)	[zvih'nɛ̃tʃe]
slogarsi (vr)	**zwichnąć**	['zvihnɔ̃tʃ]
frattura (f)	**złamanie** (n)	[zwa'mane]
fratturarsi (vr)	**otrzymać złamanie**	[ɔt'ʃimatʃ zwa'mane]
taglio (m)	**skaleczenie** (n)	[skalet'ʃɛne]
tagliarsi (vr)	**skaleczyć się**	[ska'letʃitʃ ɕɛ̃]
emorragia (f)	**krwotok** (m)	['krfɔtɔk]
scottatura (f)	**oparzenie** (n)	[ɔpa'ʑɛne]
scottarsi (vr)	**poparzyć się**	[pɔ'paʑitʃ ɕɛ̃]
pungere (vt)	**ukłuć**	['ukwutʃ]
pungersi (vr)	**ukłuć się**	['ukwutʃ ɕɛ̃]
ferire (vt)	**uszkodzić**	[uʃ'kɔdʑitʃ]
ferita (f)	**uszkodzenie** (n)	[uʃkɔ'dzɛne]
lesione (f)	**rana** (ż)	['rana]
trauma (m)	**uraz** (m)	['uras]
delirare (vi)	**bredzić**	['brɛdʑitʃ]
tartagliare (vi)	**jąkać się**	[jɔ̃katʃ ɕɛ̃]
colpo (m) di sole	**udar** (m) **słoneczny**	['udar swɔ'nɛtʃni]

65. Sintomi. Cure. Parte 2

dolore (m), male (m)	**ból** (m)	[buʎ]
scheggia (f)	**drzazga** (ż)	['dʒazga]
sudore (m)	**pot** (m)	[pɔt]
sudare (vi)	**pocić się**	['pɔtʃitʃ ɕɛ̃]
vomito (m)	**wymiotowanie** (n)	[vimɔtɔ'vane]
convulsioni (f pl)	**drgawki** (l.mn.)	['drgavki]
incinta (agg)	**ciężarna** (ż)	[tʃɛ̃'ʒarna]
nascere (vi)	**urodzić się**	[u'rɔdʑitʃ ɕɛ̃]
parto (m)	**poród** (m)	['pɔrut]
essere in travaglio di parto	**rodzić**	['rɔdʑitʃ]
aborto (m)	**aborcja** (ż)	[a'bɔrtsʲja]
respirazione (f)	**oddech** (m)	['ɔddɛh]

inspirazione (f)	wdech (m)	[vdɛh]
espirazione (f)	wydech (m)	['vɨdɛh]
espirare (vi)	zrobić wydech	['zrɔbitʃ 'vɨdɛh]
inspirare (vi)	zrobić wdech	['zrɔbitʃ vdɛh]

invalido (m)	niepełnosprawny (m)	[nepɛwnɔsp'ravnɨ]
storpio (m)	kaleka (m, ż)	[ka'leka]
drogato (m)	narkoman (m)	[nar'kɔman]

sordo (agg)	niesłyszący, głuchy	[neswɨ'ʃõtsɨ], ['gwuhɨ]
muto (agg)	niemy	['nemɨ]
sordomuto (agg)	głuchoniemy	[gwuhɔ'nemɨ]

matto (agg)	zwariowany	[zvarʰɔ'vanɨ]
matto (m)	wariat (m)	['varʰjat]
matta (f)	wariatka (ż)	[varʰ'jatka]
impazzire (vi)	stracić rozum	['stratʃitʃ rɔzum]

gene (m)	gen (m)	[gɛn]
immunità (f)	odporność (ż)	[ɔt'pɔrnɔɕtʃ]
ereditario (agg)	dziedziczny	[dʒe'dʒitʃnɨ]
innato (agg)	wrodzony	[vrɔ'dzɔnɨ]

virus (m)	wirus (m)	['virus]
microbo (m)	mikrob (m)	['mikrɔb]
batterio (m)	bakteria (ż)	[bak'tɛrʰja]
infezione (f)	infekcja (ż)	[in'fɛktsʰja]

66. Sintomi. Cure. Parte 3

| ospedale (m) | szpital (m) | ['ʃpitaʎ] |
| paziente (m) | pacjent (m) | ['patsʰent] |

diagnosi (f)	diagnoza (ż)	[dʰjag'nɔza]
cura (f)	leczenie (n)	[let'ʃɛne]
trattamento (m)	leczenie (n)	[let'ʃɛne]
curarsi (vr)	leczyć się	['letʃitʃ ɕɛ̃]
curare (vt)	leczyć	['letʃitʃ]
accudire (un malato)	opiekować się	[ɔpe'kɔvatʃ ɕɛ̃]
assistenza (f)	opieka (ż)	[ɔ'peka]

operazione (f)	operacja (ż)	[ɔpɛ'ratsʰja]
bendare (vt)	opatrzyć	[ɔ'patʃitʃ]
fasciatura (f)	opatrunek (m)	[ɔpat'runɛk]

vaccinazione (f)	szczepionka (m)	[ʃtʃɛ'pɔŋka]
vaccinare (vt)	szczepić	['ʃtʃɛpitʃ]
iniezione (f)	zastrzyk (m)	['zastʃik]
fare una puntura	robić zastrzyk	['rɔbitʃ 'zastʃik]
amputazione (f)	amputacja (ż)	[ampu'tatsʰja]

amputare (vt)	amputować	[ampu'tɔvaʧ]
coma (m)	śpiączka (ż)	[ɕpɔ̃ʧka]
essere in coma	być w śpiączce	[biʧ f ɕpɔ̃ʧtse]
rianimazione (f)	reanimacja (ż)	[rɛani'maʦʲja]

guarire (vi)	wracać do zdrowia	['vraʦaʧ dɔ 'zdrɔvʲa]
stato (f) (del paziente)	stan (m)	[stan]
conoscenza (f)	przytomność (ż)	[pʃi'tɔmnɔɕʧ]
memoria (f)	pamięć (ż)	['pamɛ̃ʧ]

estrarre (~ un dente)	usuwać	[u'suvaʧ]
otturazione (f)	plomba (ż)	['plɔmba]
otturare (vt)	plombować	[plɔm'bɔvaʧ]

| ipnosi (f) | hipnoza (ż) | [hip'nɔza] |
| ipnotizzare (vt) | hipnotyzować | [hipnɔti'zɔvaʧ] |

67. Medicinali. Farmaci. Accessori

medicina (f)	lekarstwo (n)	[le'karstfɔ]
rimedio (m)	środek (m)	['ɕrɔdɛk]
prescrivere (vt)	zapisać	[za'pisaʧ]
prescrizione (f)	recepta (ż)	[rɛ'ʦsɛpta]

compressa (f)	tabletka (ż)	[tab'letka]
unguento (m)	maść (ż)	[maɕʧ]
fiala (f)	ampułka (ż)	[am'puwka]
pozione (f)	mikstura (ż)	[miks'tura]
sciroppo (m)	syrop (m)	['sirɔp]
pillola (f)	pigułka (ż)	[pi'guwka]
polverina (f)	proszek (m)	['prɔʃɛk]

benda (f)	bandaż (m)	['bandaʃ]
ovatta (f)	wata (ż)	['vata]
iodio (m)	jodyna (ż)	[ɜ'dina]
cerotto (m)	plaster (m)	['pʎaster]
contagocce (m)	zakraplacz (m)	[zak'rapʎaʧ]
termometro (m)	termometr (m)	[tɛr'mɔmɛtr]
siringa (f)	strzykawka (ż)	[stʃi'kafka]

| sedia (f) a rotelle | wózek (m) inwalidzki | ['vɔzɛk inva'liʣki] |
| stampelle (f pl) | kule (l.mn.) | ['kule] |

analgesico (m)	środek (m) przeciwbólowy	['ɕrɔdɛk pʃɛʧifbɔ'lɔvi]
lassativo (m)	środek (m) przeczyszczający	['ɕrɔdɛk pʃɛʧiʃʧaɔ̃tsi]
alcol (m)	spirytus (m)	[spi'ritus]
erba (f) officinale	zioła (l.mn.) lecznicze	[ʑi'ɔla lɛʧ'niʧɛ]
d'erbe (infuso ~)	ziołowy	[ʒɔ'wɔvi]

APPARTAMENTO

T&P Books Publishing

68. Appartamento

appartamento (m)	mieszkanie (n)	[meʃˈkane]
camera (f), stanza (f)	pokój (m)	[ˈpɔkuj]
camera (f) da letto	sypialnia (ż)	[siˈpʲaʎna]
sala (f) da pranzo	jadalnia (ż)	[jaˈdaʎna]
salotto (m)	salon (m)	[ˈsalɔn]
studio (m)	gabinet (m)	[gaˈbinɛt]
ingresso (m)	przedpokój (m)	[pʃɛtˈpɔkuj]
bagno (m)	łazienka (ż)	[waˈʒeŋka]
gabinetto (m)	toaleta (ż)	[tɔaˈleta]
soffitto (m)	sufit (m)	[ˈsufit]
pavimento (m)	podłoga (ż)	[pɔdˈwɔga]
angolo (m)	kąt (m)	[kɔ̃t]

69. Arredamento. Interno

mobili (m pl)	meble (l.mn.)	[ˈmɛble]
tavolo (m)	stół (m)	[stɔw]
sedia (f)	krzesło (n)	[ˈkʃɛswɔ]
letto (m)	łóżko (n)	[ˈwuʃkɔ]
divano (m)	kanapa (ż)	[kaˈnapa]
poltrona (f)	fotel (m)	[ˈfɔtɛʎ]
libreria (f)	biblioteczka (ż)	[bibʎjɔˈtɛtʃka]
ripiano (m)	półka (ż)	[ˈpuwka]
armadio (m)	szafa (ż) ubraniowa	[ˈʃafa ubraˈnɔva]
attaccapanni (m) da parete	wieszak (m)	[ˈveʃak]
appendiabiti (m) da terra	wieszak (m)	[ˈveʃak]
comò (m)	komoda (ż)	[kɔˈmɔda]
tavolino (m) da salotto	stolik (m) kawowy	[ˈstɔlik kaˈvɔvi]
specchio (m)	lustro (n)	[ˈlystrɔ]
tappeto (m)	dywan (m)	[ˈdivan]
tappetino (m)	dywanik (m)	[diˈvanik]
camino (m)	kominek (m)	[kɔˈminɛk]
candela (f)	świeca (ż)	[ˈɕfetsa]
candeliere (m)	świecznik (m)	[ˈɕfetʃnik]
tende (f pl)	zasłony (l.mn.)	[zasˈwɔni]

| carta (f) da parati | tapety (l.mn.) | [ta'pɛti] |
| tende (f pl) alla veneziana | żaluzje (l.mn.) | [ʒa'lyzʰe] |

lampada (f) da tavolo	lampka (ż) na stół	['ʎampka na stɔw]
lampada (f) da parete	lampka (ż)	['ʎampka]
lampada (f) a stelo	lampa (ż) stojąca	['ʎampa stɔːˈtsa]
lampadario (m)	żyrandol (m)	[ʒiˈrandɔʎ]

gamba (f)	noga (ż)	['nɔga]
bracciolo (m)	poręcz (ż)	['pɔrɛ̃tʃ]
spalliera (f)	oparcie (n)	[ɔ'partʃe]
cassetto (m)	szuflada (ż)	[ʃuf'ʎada]

70. Biancheria da letto

biancheria (f) da letto	pościel (ż)	['pɔɕtʃeʎ]
cuscino (m)	poduszka (ż)	[pɔ'duʃka]
federa (f)	poszewka (ż)	[pɔ'ʃɛfka]
coperta (f)	kołdra (ż)	['kɔwdra]
lenzuolo (m)	prześcieradło (n)	[pʃɛɕtʃe'radwɔ]
copriletto (m)	narzuta (ż)	[na'ʒuta]

71. Cucina

cucina (f)	kuchnia (ż)	['kuhɲa]
gas (m)	gaz (m)	[gas]
fornello (m) a gas	kuchenka (ż) gazowa	[ku'hɛŋka ga'zɔva]
fornello (m) elettrico	kuchenka (ż) elektryczna	[ku'hɛŋka ɛlekt'ritʃna]
forno (m)	piekarnik (m)	[pe'karnik]
forno (m) a microonde	mikrofalówka (ż)	[mikrɔfa'lyfka]

frigorifero (m)	lodówka (ż)	[lɔ'dufka]
congelatore (m)	zamrażarka (ż)	[zamra'ʒarka]
lavastoviglie (f)	zmywarka (ż) do naczyń	[zmi'varka dɔ 'natʃiɲ]

tritacarne (m)	maszynka (ż) do mięsa	[ma'ʃiŋka dɔ 'mensa]
spremifrutta (m)	sokowirówka (ż)	[sɔkɔvi'rufka]
tostapane (m)	toster (m)	['tɔstɛr]
mixer (m)	mikser (m)	['miksɛr]

macchina (f) da caffè	ekspres (m) do kawy	['ɛksprɛs dɔ 'kavi]
caffettiera (f)	dzbanek (m) do kawy	['dzbanɛk dɔ 'kavi]
macinacaffè (m)	młynek (m) do kawy	['mwinɛk dɔ 'kavi]

bollitore (m)	czajnik (m)	['tʃajnik]
teiera (f)	czajniczek (m)	[tʃaj'nitʃɛk]
coperchio (m)	pokrywka (ż)	[pɔk'rifka]
colino (m) da tè	sitko (n)	['ɕitkɔ]

cucchiaio (m)	łyżka (ż)	['wiʃka]
cucchiaino (m) da tè	łyżeczka (ż)	[wi'ʒɛtʃka]
cucchiaio (m)	łyżka (ż) stołowa	['wiʃka stɔ'wɔva]
forchetta (f)	widelec (m)	[vi'dɛlɛts]
coltello (m)	nóż (m)	[nuʃ]
stoviglie (f pl)	naczynia (l.mn.)	[nat'ʃiɲa]
piatto (m)	talerz (m)	['talɛʃ]
piattino (m)	spodek (m)	['spɔdɛk]
cicchetto (m)	kieliszek (m)	[ke'liʃɛk]
bicchiere (m) (~ d'acqua)	szklanka (ż)	['ʃkʎaŋka]
tazzina (f)	filiżanka (ż)	[fili'ʒaŋka]
zuccheriera (f)	cukiernica (ż)	[tsuker'nitsa]
saliera (f)	solniczka (ż)	[sɔʎ'nitʃka]
pepiera (f)	pieprzniczka (ż)	[pepʃ'nitʃka]
burriera (f)	maselniczka (ż)	[masɛʎ'nitʃka]
pentola (f)	garnek (m)	['garnɛk]
padella (f)	patelnia (ż)	[pa'tɛʎɲa]
mestolo (m)	łyżka (ż) wazowa	['wiʃka va'zɔva]
colapasta (m)	durszlak (m)	['durʃʎak]
vassoio (m)	taca (ż)	['tatsa]
bottiglia (f)	butelka (ż)	[bu'tɛʎka]
barattolo (m) di vetro	słoik (m)	['swɔik]
latta, lattina (f)	puszka (ż)	['puʃka]
apribottiglie (m)	otwieracz (m) do butelek	[ɔt'feratʃ dɛ bu'tɛlek]
apriscatole (m)	otwieracz (m) do puszek	[ɔt'feratʃ dɛ 'puʃɛk]
cavatappi (m)	korkociąg (m)	[kɔr'kɔtʃɔ̃k]
filtro (m)	filtr (m)	[fiʎtr]
filtrare (vt)	filtrować	[fiʎt'rɔvatʃ]
spazzatura (f)	odpadki (l.mn.)	[ɔt'patki]
pattumiera (f)	kosz (m) na śmieci	[kɔʃ na 'ɕmetʃi]

72. Bagno

bagno (m)	łazienka (ż)	[wa'ʒeŋka]
acqua (f)	woda (ż)	['vɔda]
rubinetto (m)	kran (m)	[kran]
acqua (f) calda	gorąca woda (ż)	[gɔ'rɔ̃tsa 'vɔda]
acqua (f) fredda	zimna woda (ż)	['ʒimna 'vɔda]
dentifricio (m)	pasta (ż) do zębów	['pasta dɔ 'zɛ̃buf]
lavarsi i denti	myć zęby	[mitʃ 'zɛ̃bi]
rasarsi (vr)	golić się	['gɔlitʃ ɕɛ̃]
schiuma (f) da barba	pianka (ż) do golenia	['pʲaŋka dɔ gɔ'leɲa]

rasoio (m)	maszynka (z) do golenia	[ma'ʃiŋka dɔ gɔ'leɲa]
lavare (vt)	myć	[mitʃ]
fare un bagno	myć się	['mitʃ ɕɛ̃]
doccia (f)	prysznic (m)	['priʃnits]
fare una doccia	brać prysznic	[bratʃ 'priʃnits]

vasca (f) da bagno	wanna (z)	['vaɲa]
water (m)	sedes (m)	['sɛdɛs]
lavandino (m)	zlew (m)	[zlef]

| sapone (m) | mydło (n) | ['midwɔ] |
| porta (m) sapone | mydelniczka (z) | [midɛʎ'nitʃka] |

spugna (f)	gąbka (z)	['gɔ̃pka]
shampoo (m)	szampon (m)	['ʃampɔn]
asciugamano (m)	ręcznik (m)	['rɛntʃnik]
accappatoio (m)	szlafrok (m)	['ʃʎafrɔk]

bucato (m)	pranie (n)	['prane]
lavatrice (f)	pralka (z)	['praʎka]
fare il bucato	prać	[pratʃ]
detersivo (m) per il bucato	proszek (m) do prania	['prɔʃɛk dɔ 'praɲa]

73. Elettrodomestici

televisore (m)	telewizor (m)	[tɛle'vizɔr]
registratore (m) a nastro	magnetofon (m)	[magnɛ'tɔfɔn]
videoregistratore (m)	magnetowid (m)	[magnɛ'tɔvid]
radio (f)	odbiornik (m)	[ɔd'bɜrnik]
lettore (m)	odtwarzacz (m)	[ɔtt'vaʒatʃ]

videoproiettore (m)	projektor (m) wideo	[prɔ'ektɔr vi'dɛɔ]
home cinema (m)	kino (n) domowe	['kinɔ dɔ'mɔvɛ]
lettore (m) DVD	odtwarzacz DVD (m)	[ɔtt'vaʒatʃ di vi di]
amplificatore (m)	wzmacniacz (m)	['vzmatsɲatʃ]
console (f) video giochi	konsola (z) do gier	[kɔn'sɔʎa dɔ ger]

videocamera (f)	kamera (z) wideo	[ka'mɛra vi'dɛɔ]
macchina (f) fotografica	aparat (m) fotograficzny	[a'parat fɔtɔgra'fitʃni]
fotocamera (f) digitale	aparat (m) cyfrowy	[a'parat tsifrɔvɨ]

aspirapolvere (m)	odkurzacz (m)	[ɔt'kuʒatʃ]
ferro (m) da stiro	żelazko (n)	[ʒɛ'ʎaskɔ]
asse (f) da stiro	deska (z) do prasowania	['dɛska dɔ prasɔ'vaɲa]

telefono (m)	telefon (m)	[tɛ'lefɔn]
telefonino (m)	telefon (m) komórkowy	[tɛ'lefɔn kɔmur'kɔvɨ]
macchina (f) da scrivere	maszyna (z) do pisania	[ma'ʃina dɔ pi'saɲa]
macchina (f) da cucire	maszyna (z) do szycia	[ma'ʃina dɔ 'ʃitʃa]
microfono (m)	mikrofon (m)	[mik'rɔfɔn]

cuffia (f)	**słuchawki** (l.mn.)	[swu'hafki]
telecomando (m)	**pilot** (m)	['pilɜt]
CD (m)	**płyta CD** (ż)	['pwita si'di]
cassetta (f)	**kaseta** (ż)	[ka'sɛta]
disco (m) (vinile)	**płyta** (ż)	['pwita]

T&P BOOKS

LA TERRA. TEMPO

T&P Books Publishing

cosmo (m)	kosmos (m)	['kɔsmɔs]
cosmico, spaziale (agg)	kosmiczny	[kɔs'mitʃni]
spazio (m) cosmico	przestrzeń (ż) kosmiczna	['pʃɛstʃɛɲ kɔs'mitʃna]
mondo (m)	świat (m)	[cɕʲat]
universo (m)	wszechświat (m)	['fʃɛhcɕʲat]
galassia (f)	galaktyka (ż)	[ga'ʎaktika]
stella (f)	gwiazda (ż)	['gvʲazda]
costellazione (f)	gwiazdozbiór (m)	[gvʲaz'dɔzbyr]
pianeta (m)	planeta (ż)	[pʎa'nɛta]
satellite (m)	satelita (m)	[satɛ'lita]
meteorite (m)	meteoryt (m)	[mɛtɛ'ɔrit]
cometa (f)	kometa (ż)	[kɔ'mɛta]
asteroide (m)	asteroida (ż)	[astɛrɔ'ida]
orbita (f)	orbita (ż)	[ɔr'bita]
ruotare (vi)	obracać się	[ɔb'ratsatʃ cɛ̃]
atmosfera (f)	atmosfera (ż)	[atmɔs'fɛra]
il Sole	Słońce (n)	['swɔɲtsɛ]
sistema (m) solare	Układ (m) Słoneczny	['ukwad swɔ'nɛtʃni]
eclisse (f) solare	zaćmienie (n) słońca	[zatʃ'mene 'swɔɲtsa]
la Terra	Ziemia (ż)	['ʒemʲa]
la Luna	Księżyc (m)	['kɕɛnʒits]
Marte (m)	Mars (m)	[mars]
Venere (f)	Wenus (ż)	['vɛnus]
Giove (m)	Jowisz (m)	[ʒviʃ]
Saturno (m)	Saturn (m)	['saturn]
Mercurio (m)	Merkury (m)	[mɛr'kuri]
Urano (m)	Uran (m)	['uran]
Nettuno (m)	Neptun (m)	['nɛptun]
Plutone (m)	Pluton (m)	['plytɔn]
Via (f) Lattea	Droga (ż) Mleczna	['drɔga 'mlɛtʃna]
Orsa (f) Maggiore	Wielki Wóz (m)	['vɛʎki vus]
Stella (f) Polare	Gwiazda (ż) Polarna	['gvʲazda pɔ'ʎarna]
marziano (m)	Marsjanin (m)	[marsʰʲanin]
extraterrestre (m)	kosmita (m)	[kɔs'mita]

| alieno (m) | obcy (m) | ['ɔbtsi] |
| disco (m) volante | talerz (m) latający | ['taleʃ ʎataɔ̃tsi] |

nave (f) spaziale	statek (m) kosmiczny	['statɛk kɔs'mitʃni]
stazione (f) spaziale	stacja (ż) kosmiczna	['statsʰja kɔs'mitʃna]
lancio (m)	start (m)	[start]

motore (m)	silnik (m)	['ɕiʎnik]
ugello (m)	dysza (ż)	['diʃa]
combustibile (m)	paliwo (n)	[pa'livɔ]

cabina (f) di pilotaggio	kabina (ż)	[ka'bina]
antenna (f)	antena (ż)	[an'tɛna]
oblò (m)	iluminator (m)	[ilymi'natɔr]
batteria (f) solare	bateria (ż) słoneczna	[ba'tɛrʰja swɔ'nɛtʃna]
scafandro (m)	skafander (m)	[ska'fandɛr]

| imponderabilità (f) | nieważkość (ż) | [ne'vaʃkɔɕtʃ] |
| ossigeno (m) | tlen (m) | [tlen] |

| aggancio (m) | połączenie (n) | [pɔwɔ̃t'ʃɛne] |
| agganciarsi (vr) | łączyć się | ['wɔ̃tʃitʃ ɕɛ̃] |

osservatorio (m)	obserwatorium (n)	[ɔbsɛrva'tɔrʰjum]
telescopio (m)	teleskop (m)	[tɛ'lɛskɔp]
osservare (vt)	obserwować	[ɔbsɛr'vɔvatʃ]
esplorare (vt)	badać	['badatʃ]

75. La Terra

la Terra	Ziemia (ż)	['ʒemʲa]
globo (m) terrestre	kula (ż) ziemska	['kuʎa 'ʒemska]
pianeta (m)	planeta (ż)	[pʎa'nɛta]

atmosfera (f)	atmosfera (ż)	[atmɔs'fɛra]
geografia (f)	geografia (ż)	[gɛɔg'rafʰja]
natura (f)	przyroda (ż)	[pʃi'rɔda]

mappamondo (m)	globus (m)	['glɔbus]
carta (f) geografica	mapa (ż)	['mapa]
atlante (m)	atlas (m)	['atʎas]

Europa (f)	Europa (ż)	[ɛu'rɔpa]
Asia (f)	Azja (ż)	['az'ja]
Africa (f)	Afryka (ż)	['afrika]
Australia (f)	Australia (ż)	[aust'raʎja]

America (f)	Ameryka (ż)	[a'mɛrika]
America (f) del Nord	Ameryka (ż) Północna	[a'mɛrika puw'nɔtsna]
America (f) del Sud	Ameryka (ż) Południowa	[a'mɛrika pɔwud'nɜva]

| Antartide (f) | **Antarktyda** (ż) | [antark'tɨda] |
| Artico (m) | **Arktyka** (ż) | ['arktɨka] |

76. Punti cardinali

nord (m)	**północ** (ż)	['puwnɔts]
a nord	**na północ**	[na 'puwnɔts]
al nord	**na północy**	[na puw'nɔtsɨ]
del nord (agg)	**północny**	[puw'nɔtsnɨ]

sud (m)	**południe** (n)	[pɔ'wudne]
a sud	**na południe**	[na pɔ'wudne]
al sud	**na południu**	[na pɔ'wudny]
del sud (agg)	**południowy**	[pɔwud'nɔvɨ]

ovest (m)	**zachód** (m)	['zahut]
a ovest	**na zachód**	[na 'zahut]
all'ovest	**na zachodzie**	[na za'hɔʤe]
dell'ovest, occidentale	**zachodni**	[za'hɔdni]

est (m)	**wschód** (m)	[fshut]
a est	**na wschód**	['na fshut]
all'est	**na wschodzie**	[na 'fshɔʤe]
dell'est, orientale	**wschodni**	['fshɔdni]

77. Mare. Oceano

mare (m)	**morze** (n)	['mɔʒɛ]
oceano (m)	**ocean** (m)	[ɔ'tsɛan]
golfo (m)	**zatoka** (ż)	[za'tɔka]
stretto (m)	**cieśnina** (ż)	[tʃeɕ'nina]

terra (f) (terra firma)	**ląd** (m)	[lɔt]
continente (m)	**kontynent** (m)	[kɔn'tinɛnt]
isola (f)	**wyspa** (ż)	['vɨspa]
penisola (f)	**półwysep** (m)	[puw'visɛp]
arcipelago (m)	**archipelag** (m)	[arhi'pɛʎak]

baia (f)	**zatoka** (ż)	[za'tɔka]
porto (m)	**port** (m)	[pɔrt]
laguna (f)	**laguna** (ż)	[ʎa'guna]
capo (m)	**przylądek** (m)	[pʃɨlɔdɛk]

atollo (m)	**atol** (m)	['atɔʎ]
scogliera (f)	**rafa** (ż)	['rafa]
corallo (m)	**koral** (m)	['kɔral]
barriera (f) corallina	**rafa** (ż) **koralowa**	['rafa kɔra'lɔva]
profondo (agg)	**głęboki**	[gwɛ̃'bɔki]

profondità (f)	głębokość (ż)	[gwɛ'bɔkɔɕʧ]
abisso (m)	otchłań (ż)	['ɔthwaɲ]
fossa (f) (~ delle Marianne)	rów (m)	[ruf]

| corrente (f) | prąd (m) | [prɔ̃t] |
| circondare (vt) | omywać | [ɔ'mivaʧ] |

| litorale (m) | brzeg (m) | [bʒɛk] |
| costa (f) | wybrzeże (n) | [vib'ʒɛʒe] |

alta marea (f)	przypływ (m)	['pʃipwif]
bassa marea (f)	odpływ (m)	['ɔtpwif]
banco (m) di sabbia	mielizna (ż)	[me'lizna]
fondo (m)	dno (n)	[dnɔ]

onda (f)	fala (ż)	['faʎa]
cresta (f) dell'onda	grzywa (ż) fali	['gʒiva 'fali]
schiuma (f)	piana (ż)	['piana]

tempesta (f)	burza (ż)	['buʒa]
uragano (m)	huragan (m)	[hu'ragan]
tsunami (m)	tsunami (n)	[tsu'nami]
bonaccia (f)	cisza (ż) morska	['ʧiʃa 'mɔrska]
tranquillo (agg)	spokojny	[spɔ'kɔjni]

| polo (m) | biegun (m) | ['begun] |
| polare (agg) | polarny | [pɔ'ʎarni] |

latitudine (f)	szerokość (ż)	[ʃɛ'rɔkɔɕʧ]
longitudine (f)	długość (ż)	['dwugɔɕʧ]
parallelo (m)	równoleżnik (m)	[ruvnɔ'leʒnik]
equatore (m)	równik (m)	['ruvnik]

cielo (m)	niebo (n)	['nebɔ]
orizzonte (m)	horyzont (m)	[hɔ'rizɔnt]
aria (f)	powietrze (n)	[pɔ'vetʃɛ]

faro (m)	latarnia (ż) morska	[ʎa'tarɲa 'mɔrska]
tuffarsi (vr)	nurkować	[nur'kɔvaʧ]
affondare (andare a fondo)	zatonąć	[za'tɔɲʧ]
tesori (m)	skarby (l.mn.)	['skarbi]

78. Nomi dei mari e degli oceani

Oceano (m) Atlantico	Ocean (m) Atlantycki	[ɔ'tsɛan atlan'titski]
Oceano (m) Indiano	Ocean (m) Indyjski	[ɔ'tsɛan in'dijski]
Oceano (m) Pacifico	Ocean (m) Spokojny	[ɔ'tsɛan spɔ'kɔjni]
mar (m) Glaciale Artico	Ocean (m) Lodowaty Północny	[ɔ'tsɛan lɔdɔ'vati puw'nɔtsni]
mar (m) Nero	Morze (n) Czarne	['mɔʒɛ 'ʧarnɛ]

mar (m) Rosso	Morze (n) Czerwone	['mɔʒɛ ʧɛr'vɔnɛ]
mar (m) Giallo	Morze (n) Żółte	['mɔʒɛ 'ʒuwtɛ]
mar (m) Bianco	Morze (n) Białe	['mɔʒɛ 'bʲawɛ]
mar (m) Caspio	Morze (n) Kaspijskie	['mɔʒɛ kas'pijske]
mar (m) Morto	Morze (n) Martwe	['mɔʒɛ 'martfɛ]
mar (m) Mediterraneo	Morze (n) Śródziemne	['mɔʒɛ ɕry'dʒemnɛ]
mar (m) Egeo	Morze (n) Egejskie	['mɔʒɛ ɛ'gejske]
mar (m) Adriatico	Morze (n) Adriatyckie	['mɔʒɛ adrʲja'tiʦke]
mar (m) Arabico	Morze (n) Arabskie	['mɔʒɛ a'rabske]
mar (m) del Giappone	Morze (n) Japońskie	['mɔʒɛ ja'pɔɲske]
mare (m) di Bering	Morze (n) Beringa	['mɔʒɛ bɛ'riŋa]
mar (m) Cinese meridionale	Morze (n) Południowochińskie	['mɔʒɛ pɔwud'nɜvɔ 'hiɲske]
mar (m) dei Coralli	Morze (n) Koralowe	['mɔʒɛ kɔra'lɜvɛ]
mar (m) di Tasman	Morze (n) Tasmana	['mɔʒɛ tas'mana]
mar (m) dei Caraibi	Morze (n) Karaibskie	['mɔʒɛ kara'ipske]
mare (m) di Barents	Morze (n) Barentsa	['mɔʒɛ ba'rɛnʦa]
mare (m) di Kara	Morze (n) Karskie	['mɔʒɛ 'karske]
mare (m) del Nord	Morze (n) Północne	['mɔʒɛ puw'nɔʦnɛ]
mar (m) Baltico	Morze (n) Bałtyckie	['mɔʒɛ baw'tiʦke]
mare (m) di Norvegia	Morze (n) Norweskie	['mɔʒɛ nɔr'vɛske]

79. Montagne

monte (m), montagna (f)	góra (z)	['gura]
catena (f) montuosa	łańcuch (m) górski	['waɲʦuh 'gurski]
crinale (m)	grzbiet (m) górski	[gʒbet 'gurski]
cima (f)	szczyt (m)	[ʃʧit]
picco (m)	szczyt (m)	[ʃʧit]
piedi (m pl)	podnóże (n)	[pɔd'nuʒɛ]
pendio (m)	zbocze (n)	['zbɔʧɛ]
vulcano (m)	wulkan (m)	['vuʎkan]
vulcano (m) attivo	czynny (m) wulkan	['ʧiɲi 'vuʎkan]
vulcano (m) inattivo	wygasły (m) wulkan	[vi'gaswɨ 'vuʎkan]
eruzione (f)	wybuch (m)	['vɨbuh]
cratere (m)	krater (m)	['kratɛr]
magma (m)	magma (z)	['magma]
lava (f)	lawa (z)	['ʎava]
fuso (lava ~a)	rozżarzony	[rɔzʒa'ʒɔɲi]
canyon (m)	kanion (m)	['kaɲjɔn]
gola (f)	wąwóz (m)	['võvus]

crepaccio (m)	rozpadlina (m)	[rɔspadˈlina]
passo (m), valico (m)	przełęcz (ż)	[ˈpʃɛwɛ̃tʃ]
altopiano (m)	płaskowyż (m)	[pwasˈkɔviʃ]
falesia (f)	skała (ż)	[ˈskawa]
collina (f)	wzgórze (ż)	[ˈvzguʒɛ]

ghiacciaio (m)	lodowiec (m)	[lɔˈdɔveʦ]
cascata (f)	wodospad (m)	[vɔˈdɔspat]
geyser (m)	gejzer (m)	[ˈgɛjzɛr]
lago (m)	jezioro (m)	[eˈʒɔrɔ]

pianura (f)	równina (ż)	[ruvˈnina]
paesaggio (m)	pejzaż (m)	[ˈpɛjzaʃ]
eco (f)	echo (n)	[ˈɛhɔ]

alpinista (m)	alpinista (m)	[aʎpiˈnista]
scalatore (m)	wspinacz (m)	[ˈfspinatʃ]
conquistare (~ una cima)	pokonywać	[pɔkɔˈnivatʃ]
scalata (f)	wspinaczka (ż)	[fspiˈnatʃka]

80. Nomi delle montagne

Alpi (f pl)	Alpy (l.mn.)	[ˈaʎpɨ]
Monte (m) Bianco	Mont Blanc (m)	[mɔn blan]
Pirenei (m pl)	Pireneje (l.mn.)	[pirɛˈnɛe]

Carpazi (m pl)	Karpaty (l.mn.)	[karˈpatɨ]
gli Urali (m pl)	Góry Uralskie (l.mn.)	[ˈgurɨ uˈraʎske]
Caucaso (m)	Kaukaz (m)	[ˈkaukas]
Monte (m) Elbrus	Elbrus (m)	[ˈɛʎbrus]

Monti (m pl) Altai	Ałtaj (m)	[ˈawtaj]
Pamir (m)	Pamir (m)	[ˈpamir]
Himalaia (m)	Himalaje (l.mn.)	[himaˈlae]
Everest (m)	Mont Everest (m)	[mɔnt ɛˈvɛrɛst]

| Ande (f pl) | Andy (l.mn.) | [ˈandɨ] |
| Kilimangiaro (m) | Kilimandżaro (ż) | [kilimanˈdʒarɔ] |

81. Fiumi

fiume (m)	rzeka (m)	[ˈʒɛka]
fonte (f) (sorgente)	źródło (n)	[ˈʑrudwɔ]
letto (m) (~ del fiume)	koryto (n)	[kɔˈritɔ]
bacino (m)	dorzecze (n)	[dɔˈʒɛtʃɛ]
sfociare nel ...	wpadać	[ˈfpadatʃ]
affluente (m)	dopływ (m)	[ˈdɔpwɨf]
riva (f)	brzeg (m)	[bʒɛk]

corrente (f)	prąd (m)	[prɔ̃t]
a valle	z prądem	[s 'prɔ̃dɛm]
a monte	pod prąd	[pɔt prɔ̃t]
inondazione (f)	powódź (ż)	['pɔvutʃ]
piena (f)	wylew (m) rzeki	['vilef 'ʒɛki]
straripare (vi)	rozlewać się	[rɔz'levatʃ ɕɛ̃]
inondare (vt)	zatapiać	[za'tapʲatʃ]
secca (f)	mielizna (ż)	[me'lizna]
rapida (f)	próg (m)	[pruk]
diga (f)	tama (ż)	['tama]
canale (m)	kanał (m)	['kanaw]
bacino (m) di riserva	zbiornik (m) wodny	['zbɜrnik 'vɔdni]
chiusa (f)	śluza (ż)	['ɕlyza]
specchio (m) d'acqua	zbiornik (m) wodny	['zbɜrnik 'vɔdni]
palude (f)	bagno (n)	['bagnɔ]
pantano (m)	grzęzawisko (n)	[gʒɛ̃za'viskɔ]
vortice (m)	wir (m) wodny	[vir 'vɔdni]
ruscello (m)	potok (m)	['pɔtɔk]
potabile (agg)	pitny	['pitni]
dolce (di acqua ~)	słodki	['swɔtki]
ghiaccio (m)	lód (m)	[lyt]
ghiacciarsi (vr)	zamarznąć	[za'marznɔ̃tʃ]

82. Nomi dei fiumi

Senna (f)	Sekwana (ż)	[sɛk'fana]
Loira (f)	Loara (ż)	[lɔ'ara]
Tamigi (m)	Tamiza (ż)	[ta'miza]
Reno (m)	Ren (m)	[rɛn]
Danubio (m)	Dunaj (m)	['dunaj]
Volga (m)	Wołga (ż)	['vɔwga]
Don (m)	Don (m)	[dɔn]
Lena (f)	Lena (ż)	['lena]
Fiume (m) Giallo	Huang He (ż)	[hu'aŋ hɛ]
Fiume (m) Azzurro	Jangcy (ż)	['jaɲtsi]
Mekong (m)	Mekong (m)	['mɛkɔŋ]
Gange (m)	Ganges (m)	['gaŋɛs]
Nilo (m)	Nil (m)	[niʎ]
Congo (m)	Kongo (ż)	['kɔŋɔ]
Okavango	Okawango (ż)	[ɔka'vaŋɔ]

Zambesi (m)	Zambezi (ż)	[zam'bɛzi]
Limpopo (m)	Limpopo (ż)	[lim'pɔpɔ]
Mississippi (m)	Mississipi (ż)	[missis'sipi]

83. Foresta

| foresta (f) | las (m) | [ʎas] |
| forestale (agg) | leśny | ['leɕni] |

foresta (f) fitta	gąszcz (ż)	[gɔ̃ʃʧ]
boschetto (m)	gaj (m), lasek (m)	[gaj], ['ʎasɛk]
radura (f)	polana (ż)	[pɔ'ʎana]

| roveto (m) | zarośla (l.mn.) | [za'rɔɕʎa] |
| boscaglia (f) | krzaki (l.mn.) | ['kʃaki] |

| sentiero (m) | ścieżka (ż) | ['ɕʨeʃka] |
| calanco (m) | wąwóz (m) | ['vɔ̃vus] |

albero (m)	drzewo (n)	['dʒɛvɔ]
foglia (f)	liść (m)	[liɕʨ]
fogliame (m)	listowie (n)	[lis'tɔve]

caduta (f) delle foglie	opadanie (n) liści	[ɔpa'dane 'liɕʨi]
cadere (vi)	opadać	[ɔ'padaʨ]
cima (f)	wierzchołek (m)	[veʃ'hɔwɛk]

ramo (m), ramoscello (m)	gałąź (ż)	['gawɔ̃ɕ]
ramo (m)	sęk (m)	[sɛ̃k]
gemma (f)	pączek (m)	['pɔ̃ʧɛk]
ago (m)	igła (ż)	['igwa]
pigna (f)	szyszka (ż)	['ʃiʃka]

cavità (f)	dziupla (ż)	['dʒypʎa]
nido (m)	gniazdo (n)	['gɲazdɔ]
tana (f) (del fox, ecc.)	nora (ż)	['nɔra]

tronco (m)	pień (m)	[peɲ]
radice (f)	korzeń (m)	['kɔʒɛɲ]
corteccia (f)	kora (ż)	['kɔra]
musco (m)	mech (m)	[mɛh]

sradicare (vt)	karczować	[kart'ʃɔvaʧ]
abbattere (~ un albero)	ścinać	['ɕʨinaʧ]
disboscare (vt)	wycinać	[vi'ʧinaʧ]
ceppo (m)	pieniek (m)	['penek]

falò (m)	ognisko (n)	[ɔg'niskɔ]
incendio (m) boschivo	pożar (m)	['pɔʒar]
spegnere (vt)	gasić	['gaɕiʧ]

guardia (f) forestale	leśnik (m)	['leɕnik]
protezione (f)	ochrona (z)	[ɔh'rɔna]
proteggere (~ la natura)	chronić	['hrɔniʧ]
bracconiere (m)	kłusownik (m)	[kwu'sɔvnik]
tagliola (f) (~ per orsi)	potrzask (m)	['pɔʧask]
raccogliere (vt)	zbierać	['zberaʧ]
perdersi (vr)	zabłądzić	[zab'wɔʤiʧ]

84. Risorse naturali

risorse (f pl) naturali	zasoby (l.mn.) naturalne	[za'sɔbɨ natu'ralnɛ]
minerali (m pl)	kopaliny (l.mn.) użyteczne	[kɔpa'linɨ uʒɨ'tɛʧnɛ]
deposito (m) (~ di carbone)	złoża (l.mn.)	['zwɔʒa]
giacimento (m)	złoże (n)	['zwɔʒɛ]
(~ petrolifero)		
estrarre (vt)	wydobywać	[vɨdɔ'bɨvaʧ]
estrazione (f)	wydobywanie (n)	[vɨdɔbɨ'vane]
minerale (m) grezzo	ruda (z)	['ruda]
miniera (f)	kopalnia (z) rudy	[kɔ'palɲa 'rudɨ]
pozzo (m) di miniera	szyb (m)	[ʃɨb]
minatore (m)	górnik (m)	['gurnik]
gas (m)	gaz (m)	[gas]
gasdotto (m)	gazociąg (m)	[ga'zɔʧɔ̃k]
petrolio (m)	ropa (z) naftowa	['rɔpa naf'tɔva]
oleodotto (m)	rurociąg (m)	[ru'rɔʧɔ̃k]
torre (f) di estrazione	szyb (m) naftowy	[ʃɨb naf'tɔvɨ]
torre (f) di trivellazione	wieża (z) wiertnicza	['veʒa vert'niʧa]
petroliera (f)	tankowiec (m)	[ta'ŋkɔvets]
sabbia (f)	piasek (m)	['pʲasɛk]
calcare (m)	wapień (m)	['vapeɲ]
ghiaia (f)	żwir (m)	[ʒvir]
torba (f)	torf (m)	[tɔrf]
argilla (f)	glina (z)	['glina]
carbone (m)	węgiel (m)	['vɛŋeʎ]
ferro (m)	żelazo (n)	[ʒɛ'ʎazɔ]
oro (m)	złoto (n)	['zwɔtɔ]
argento (m)	srebro (n)	['srɛbrɔ]
nichel (m)	nikiel (n)	['nikeʎ]
rame (m)	miedź (z)	[meʧ]
zinco (m)	cynk (m)	[tsɨŋk]
manganese (m)	mangan (m)	['maŋan]
mercurio (m)	rtęć (z)	[rtɛ̃ʧ]
piombo (m)	ołów (m)	['ɔwuf]

minerale (m)	minerał (m)	[mi'nɛraw]
cristallo (m)	kryształ (m)	['kriʃtaw]
marmo (m)	marmur (m)	['marmur]
uranio (m)	uran (m)	['uran]

85. Tempo

tempo (m)	pogoda (ż)	[pɔ'gɔda]
previsione (f) del tempo	prognoza (ż) pogody	[prɔg'nɔza pɔ'gɔdɨ]
temperatura (f)	temperatura (ż)	[tɛmpɛra'tura]
termometro (m)	termometr (m)	[tɛr'mɔmɛtr]
barometro (m)	barometr (m)	[ba'rɔmɛtr]

umidità (f)	wilgoć (ż)	['viʎgɔtʃ]
caldo (m), afa (f)	żar (m)	[ʒar]
molto caldo (agg)	upalny, gorący	[u'paʎnɨ], [gɔ'rɔ̃tsɨ]
fa molto caldo	gorąco	[gɔ'rɔ̃tsɔ]

| fa caldo | ciepło | ['tʃepwɔ] |
| caldo, mite (agg) | ciepły | ['tʃepwɨ] |

fa freddo	zimno	['ʒimnɔ]
freddo (agg)	zimny	['ʒimnɨ]
sole (m)	słońce (n)	['swɔɲtsɛ]
splendere (vi)	świecić	['ɕfʲetʃitʃ]
di sole (una giornata ~)	słoneczny	[swɔ'nɛtʃnɨ]
sorgere, levarsi (vr)	wzejść	[vzɛjɕtʃ]
tramontare (vi)	zajść	[zajɕtʃ]

nuvola (f)	obłok (m)	['ɔbwɔk]
nuvoloso (agg)	zachmurzony	[zahmu'ʒɔnɨ]
nube (f) di pioggia	chmura (ż)	['hmura]
nuvoloso (agg)	pochmurny	[pɔh'murnɨ]

pioggia (f)	deszcz (m)	[dɛʃtʃ]
piove	pada deszcz	['pada dɛʃtʃ]
piovoso (agg)	deszczowy	[dɛʃt'ʃɔvɨ]
piovigginare (vi)	mżyć	[mʒitʃ]

pioggia (f) torrenziale	ulewny deszcz (m)	[u'levnɨ dɛʃtʃ]
acquazzone (m)	ulewa (ż)	[u'leva]
forte (una ~ pioggia)	silny	['ɕiʎnɨ]
pozzanghera (f)	kałuża (ż)	[ka'wuʒa]
bagnarsi	moknąć	['mɔknɔ̃tʃ]
(~ sotto la pioggia)		

foschia (f), nebbia (f)	mgła (ż)	[mgwa]
nebbioso (agg)	mglisty	['mglistɨ]
neve (f)	śnieg (m)	[ɕnek]
nevica	pada śnieg	['pada ɕnek]

86. Rigide condizioni metereologiche. Disastri naturali

temporale (m)	**burza** (ż)	['buʒa]
fulmine (f)	**błyskawica** (ż)	[bwiska'vitsa]
lampeggiare (vi)	**błyskać**	['bwiskatʃ]
tuono (m)	**grzmot** (m)	[gʒmɔt]
tuonare (vi)	**grzmieć**	[gʒmetʃ]
tuona	**grzmi**	[gʒmi]
grandine (f)	**grad** (m)	[grat]
grandina	**pada grad**	['pada grat]
inondare (vt)	**zatopić**	[za'tɔpitʃ]
inondazione (f)	**powódź** (ż)	['pɔvutʃ]
terremoto (m)	**trzęsienie** (n) **ziemi**	[tʃɛ̃'ɕene 'ʒemi]
scossa (f)	**wstrząs** (m)	[fstʃɔ̃s]
epicentro (m)	**epicentrum** (n)	[ɛpi'tsɛntrum]
eruzione (f)	**wybuch** (m)	['vɨbuh]
lava (f)	**lawa** (ż)	['ʎava]
tromba (f) d'aria	**trąba** (ż) **powietrzna**	['trɔ̃ba pɔ'vetʃna]
tornado (m)	**tornado** (n)	[tɔr'nadɔ]
tifone (m)	**tajfun** (m)	['tajfun]
uragano (m)	**huragan** (m)	[hu'ragan]
tempesta (f)	**burza** (ż)	['buʒa]
tsunami (m)	**tsunami** (n)	[tsu'nami]
ciclone (m)	**cyklon** (m)	['tsiklɔn]
maltempo (m)	**niepogoda** (ż)	[nepɔ'gɔda]
incendio (m)	**pożar** (m)	['pɔʒar]
disastro (m)	**katastrofa** (ż)	[katast'rɔfa]
meteorite (m)	**meteoryt** (m)	[mɛtɛ'ɔrit]
valanga (f)	**lawina** (ż)	[ʎa'vina]
slavina (f)	**lawina** (ż)	[ʎa'vina]
tempesta (f) di neve	**zamieć** (ż)	['zametʃ]
bufera (f) di neve	**śnieżyca** (ż)	[ɕne'ʒitsa]

T&P BOOKS

FAUNA

T&P Books Publishing

87. Mammiferi. Predatori

predatore (m)	**drapieżnik** (m)	[dra'peʒnik]
tigre (f)	**tygrys** (m)	['tɨgris]
leone (m)	**lew** (m)	[lef]
lupo (m)	**wilk** (m)	[viʎk]
volpe (m)	**lis** (m)	[lis]
giaguaro (m)	**jaguar** (m)	[ja'guar]
leopardo (m)	**lampart** (m)	['ʎampart]
ghepardo (m)	**gepard** (m)	['gɛpart]
pantera (f)	**pantera** (ż)	[pan'tɛra]
puma (f)	**puma** (ż)	['puma]
leopardo (m) delle nevi	**irbis** (m)	['irbis]
lince (f)	**ryś** (m)	[riɕ]
coyote (m)	**kojot** (m)	['kɔʒt]
sciacallo (m)	**szakal** (m)	['ʃakaʎ]
iena (f)	**hiena** (ż)	['hʰena]

88. Animali selvatici

animale (m)	**zwierzę** (n)	['zveʒɛ̃]
bestia (f)	**dzikie zwierzę** (n)	['dʑike 'zveʒɛ̃]
scoiattolo (m)	**wiewiórka** (ż)	[ve'vyrka]
riccio (m)	**jeż** (m)	[eʃ]
lepre (f)	**zając** (m)	['zaɕts]
coniglio (m)	**królik** (m)	['krulik]
tasso (m)	**borsuk** (m)	['bɔrsuk]
procione (f)	**szop** (m)	[ʃɔp]
criceto (m)	**chomik** (m)	['homik]
marmotta (f)	**świstak** (m)	['ɕfistak]
talpa (f)	**kret** (m)	[krɛt]
topo (m)	**mysz** (ż)	[miʃ]
ratto (m)	**szczur** (m)	[ʃʧur]
pipistrello (m)	**nietoperz** (m)	[ne'tɔpɛʃ]
ermellino (m)	**gronostaj** (m)	[grɔ'nɔstaj]
zibellino (m)	**soból** (m)	['sɔbuʎ]
martora (f)	**kuna** (ż)	['kuna]

| donnola (f) | łasica (ż) | [wa'ɕitsa] |
| visone (m) | norka (ż) | ['nɔrka] |

| castoro (m) | bóbr (m) | [bubr] |
| lontra (f) | wydra (ż) | ['vidra] |

cavallo (m)	koń (m)	[kɔɲ]
alce (m)	łoś (m)	[wɔɕ]
cervo (m)	jeleń (m)	['eleɲ]
cammello (m)	wielbłąd (m)	['veʎbwɔ̃t]

bisonte (m) americano	bizon (m)	['bizɔn]
bisonte (m) europeo	żubr (m)	[ʒubr]
bufalo (m)	bawół (m)	['bavuw]

zebra (f)	zebra (ż)	['zɛbra]
antilope (f)	antylopa (ż)	[anti'lɔpa]
capriolo (m)	sarna (ż)	['sarna]
daino (m)	łania (ż)	['waɲa]
camoscio (m)	kozica (ż)	[kɔ'ʒitsa]
cinghiale (m)	dzik (m)	[dʒik]

balena (f)	wieloryb (m)	[ve'lɔrip]
foca (f)	foka (ż)	['fɔka]
tricheco (m)	mors (m)	[mɔrs]
otaria (f)	kot (m) morski	[kɔt 'mɔrski]
delfino (m)	delfin (m)	['dɛʎfin]

orso (m)	niedźwiedź (m)	['nedʒʲvetʃ]
orso (m) bianco	niedźwiedź (m) polarny	['nedʒʲvetʃ pɔ'ʎarni]
panda (m)	panda (ż)	['panda]

scimmia (f)	małpa (ż)	['mawpa]
scimpanzè (m)	szympans (m)	['ʃimpans]
orango (m)	orangutan (m)	[ɔra'ŋutan]
gorilla (m)	goryl (m)	['gɔriʎ]
macaco (m)	makak (m)	['makak]
gibbone (m)	gibon (m)	['gibɔn]

| elefante (m) | słoń (m) | ['swɔɲ] |
| rinoceronte (m) | nosorożec (m) | [nɔsɔ'rɔʒɛts] |

| giraffa (f) | żyrafa (ż) | [ʒi'rafa] |
| ippopotamo (m) | hipopotam (m) | [hipɔ'pɔtam] |

| canguro (m) | kangur (m) | ['kaŋur] |
| koala (m) | koala (ż) | [kɔ'aʎa] |

mangusta (f)	mangusta (ż)	[ma'ŋusta]
cincillà (f)	szynszyla (ż)	[ʃin'ʃiʎa]
moffetta (f)	skunks (m)	[skuŋks]
istrice (m)	jeżozwierz (m)	[e'ʒɔzveʃ]

89. Animali domestici

gatta (f)	kotka (ż)	['kɔtka]
gatto (m)	kot (m)	[kɔt]
cane (m)	pies (m)	[pes]
cavallo (m)	koń (m)	[kɔɲ]
stallone (m)	źrebak (m), ogier (m)	['ʐrɛbak], ['ɔgjer]
giumenta (f)	klacz (ż)	[kʎatʃ]
mucca (f)	krowa (ż)	['krɔva]
toro (m)	byk (m)	[bɨk]
bue (m)	wół (m)	[vuw]
pecora (f)	owca (ż)	['ɔftsa]
montone (m)	baran (m)	['baran]
capra (f)	koza (ż)	['kɔza]
caprone (m)	kozioł (m)	['kɔʑɔw]
asino (m)	osioł (m)	['ɔɕɔw]
mulo (m)	muł (m)	[muw]
porco (m)	świnia (ż)	['ɕfiɲa]
porcellino (m)	prosiak (m)	['prɔɕak]
coniglio (m)	królik (m)	['krulik]
gallina (f)	kura (ż)	['kura]
gallo (m)	kogut (m)	['kɔgut]
anatra (f)	kaczka (ż)	['katʃka]
maschio (m) dell'anatra	kaczor (m)	['katʃɔr]
oca (f)	gęś (ż)	[gɛ̃ɕ]
tacchino (m)	indyk (m)	['indɨk]
tacchina (f)	indyczka (ż)	[in'ditʃka]
animali (m pl) domestici	zwierzęta (l.mn.) domowe	[zve'ʒɛnta dɔ'mɔvɛ]
addomesticato (agg)	oswojony	[ɔsfɔɔni]
addomesticare (vt)	oswajać	[ɔs'fajatʃ]
allevare (vt)	hodować	[hɔ'dɔvatʃ]
fattoria (f)	ferma (ż)	['fɛrma]
pollame (m)	drób (m)	[drup]
bestiame (m)	bydło (n)	['bɨdwɔ]
branco (m), mandria (f)	stado (n)	['stadɔ]
scuderia (f)	stajnia (ż)	['stajɲa]
porcile (m)	chlew (m)	[hlef]
stalla (f)	obora (ż)	[ɔ'bɔra]
conigliera (f)	klatka (ż) dla królików	['klatka dʎa krɔ'likɔf]
pollaio (m)	kurnik (m)	['kurnik]

90. Uccelli

uccello (m)	ptak (m)	[ptak]
colombo (m), piccione (m)	gołąb (m)	['gɔwɔ̃p]
passero (m)	wróbel (m)	['vrubɛʎ]
cincia (f)	sikorka (ż)	[ɕi'kɔrka]
gazza (f)	sroka (ż)	['srɔka]
corvo (m)	kruk (m)	[kruk]
cornacchia (f)	wrona (ż)	['vrɔna]
taccola (f)	kawka (ż)	['kafka]
corvo (m) nero	gawron (m)	['gavrɔn]
anatra (f)	kaczka (ż)	['kat͡ʃka]
oca (f)	gęś (ż)	[gɛ̃ɕ]
fagiano (m)	bażant (m)	['baʒant]
aquila (f)	orzeł (m)	['ɔʒɛw]
astore (m)	jastrząb (m)	['jastʃɔ̃p]
falco (m)	sokół (m)	['sɔkuw]
grifone (m)	sęp (m)	[sɛ̃p]
condor (m)	kondor (m)	['kɔndɔr]
cigno (m)	łabędź (m)	['wabɛ̃t͡ɕ]
gru (f)	żuraw (m)	['ʒuraf]
cicogna (f)	bocian (m)	['bɔt͡ɕan]
pappagallo (m)	papuga (ż)	[pa'puga]
colibrì (m)	koliber (m)	[kɔ'libɛr]
pavone (m)	paw (m)	[paf]
struzzo (m)	struś (m)	[struɕ]
airone (m)	czapla (ż)	['t͡ʃapʎa]
fenicottero (m)	flaming (m)	['fʎamiŋ]
pellicano (m)	pelikan (m)	[pɛ'likan]
usignolo (m)	słowik (m)	['swɔvik]
rondine (f)	jaskółka (ż)	[jas'kuwka]
tordo (m)	drozd (m)	[drɔst]
tordo (m) sasello	drozd śpiewak (m)	[drɔst 'ɕpevak]
merlo (m)	kos (m)	[kɔs]
rondone (m)	jerzyk (m)	['eʒɨk]
allodola (f)	skowronek (m)	[skɔv'rɔnɛk]
quaglia (f)	przepiórka (ż)	[pʃɛ'pyrka]
picchio (m)	dzięcioł (m)	['d͡ʑɛ̃t͡ʃow]
cuculo (m)	kukułka (ż)	[ku'kuwka]
civetta (f)	sowa (ż)	['sɔva]
gufo (m) reale	puchacz (m)	['puhat͡ʃ]

urogallo (m)	głuszec (m)	['gwuʃɛts]
fagiano (m) di monte	cietrzew (m)	['tʃetʃɛf]
pernice (f)	kuropatwa (ż)	[kurɔ'patfa]

storno (m)	szpak (m)	[ʃpak]
canarino (m)	kanarek (m)	[ka'narɛk]
francolino (m) di monte	jarząbek (m)	[ja'ʒɔ̃bɛk]
fringuello (m)	zięba (ż)	['ʒɛ̃ba]
ciuffolotto (m)	gil (m)	[giʎ]

gabbiano (m)	mewa (ż)	['mɛva]
albatro (m)	albatros (m)	[aʎ'batrɔs]
pinguino (m)	pingwin (m)	['piŋvin]

91. Pesci. Animali marini

abramide (f)	leszcz (m)	[leʃtʃ]
carpa (f)	karp (m)	[karp]
perca (f)	okoń (m)	['ɔkɔɲ]
pesce (m) gatto	sum (m)	[sum]
luccio (m)	szczupak (m)	['ʃtʃupak]

salmone (m)	łosoś (m)	['wɔsɔɕ]
storione (m)	jesiotr (m)	['eɕ3tr]

aringa (f)	śledź (m)	[ɕletʃ]
salmone (m)	łosoś (m)	['wɔsɔɕ]
scombro (m)	makrela (ż)	[mak'rɛla]
sogliola (f)	flądra (ż)	[flɔ̃dra]

lucioperca (f)	sandacz (m)	['sandatʃ]
merluzzo (m)	dorsz (m)	[dɔrʃ]
tonno (m)	tuńczyk (m)	['tuɲtʃik]
trota (f)	pstrąg (m)	[pstrɔ̃k]

anguilla (f)	węgorz (m)	['vɛŋɔʃ]
torpedine (f)	drętwa (ż)	['drɛntfa]
murena (f)	murena (ż)	[mu'rɛna]
piranha (f)	pirania (ż)	[pi'raɲja]

squalo (m)	rekin (m)	['rɛkin]
delfino (m)	delfin (m)	['dɛʎfin]
balena (f)	wieloryb (m)	[ve'lɔrip]

granchio (m)	krab (m)	[krap]
medusa (f)	meduza (ż)	[mɛ'duza]
polpo (m)	ośmiornica (ż)	[ɔɕmɔr'nitsa]

stella (f) marina	rozgwiazda (ż)	[rɔzg'vʲazda]
riccio (m) di mare	jeżowiec (m)	[e'ʒɔvets]

cavalluccio (m) marino	konik (m) morski	['kɔnik 'mɔrski]
ostrica (f)	ostryga (ż)	[ɔst'rɨga]
gamberetto (m)	krewetka (ż)	[krɛ'vɛtka]
astice (m)	homar (m)	['hɔmar]
aragosta (f)	langusta (ż)	[ʎa'ŋusta]

92. Anfibi. Rettili

| serpente (m) | wąż (m) | [võʃ] |
| velenoso (agg) | jadowity | [jadɔ'vitɨ] |

vipera (f)	żmija (ż)	['ʒmija]
cobra (m)	kobra (ż)	['kɔbra]
pitone (m)	pyton (m)	['pitɔn]
boa (m)	wąż dusiciel (m)	[võʒ du'ɕiʧeʎ]

biscia (f)	zaskroniec (m)	[zask'rɔneʦ]
serpente (m) a sonagli	grzechotnik (m)	[gʒɛ'hɔtnik]
anaconda (f)	anakonda (ż)	[ana'kɔnda]

lucertola (f)	jaszczurka (ż)	[jaʃt'ʃurka]
iguana (f)	legwan (m)	['legvan]
varano (m)	waran (m)	['varan]
salamandra (f)	salamandra (ż)	[saʎa'mandra]
camaleonte (m)	kameleon (m)	[kamɛ'leɔn]
scorpione (m)	skorpion (m)	['skɔrpʰɔn]

tartaruga (f)	żółw (m)	[ʒuwf]
rana (f)	żaba (ż)	['ʒaba]
rospo (m)	ropucha (ż)	[rɔ'puha]
coccodrillo (m)	krokodyl (m)	[krɔ'kɔdɨʎ]

93. Insetti

insetto (m)	owad (m)	['ɔvat]
farfalla (f)	motyl (m)	['mɔtɨʎ]
formica (f)	mrówka (ż)	['mrufka]
mosca (f)	mucha (ż)	['muha]
zanzara (f)	komar (m)	['kɔmar]
scarabeo (m)	żuk (m), chrząszcz (m)	[ʒuk], [hʃõʃʧ]

vespa (f)	osa (ż)	['ɔsa]
ape (f)	pszczoła (ż)	['pʃʧɔwa]
bombo (m)	trzmiel (m)	[ʧmeʎ]
tafano (m)	giez (m)	[ges]

| ragno (m) | pająk (m) | ['paõk] |
| ragnatela (f) | pajęczyna (ż) | [paɛ̃t'ʃina] |

libellula (f)	**ważka** (ż)	['vaʃka]
cavalletta (f)	**konik** (m) **polny**	['kɔnik 'pɔʌni]
farfalla (f) notturna	**omacnica** (ż)	[ɔmats'niʦa]
scarafaggio (m)	**karaluch** (m)	[ka'ralyh]
zecca (f)	**kleszcz** (m)	[kleʃʧ]
pulce (f)	**pchła** (ż)	[phwa]
moscerino (m)	**meszka** (ż)	['mɛʃka]
locusta (f)	**szarańcza** (ż)	[ʃa'raɲʧa]
lumaca (f)	**ślimak** (m)	['ɕlimak]
grillo (m)	**świerszcz** (m)	[ɕferʃʧ]
lucciola (f)	**robaczek** (m) **świętojański**	[rɔ'batʃɛk ɕfɛ̃tɔ'jaɲski]
coccinella (f)	**biedronka** (ż)	[bed'rɔɲka]
maggiolino (m)	**chrabąszcz** (m) **majowy**	['hrabɔ̃ʃʧ maʒvi]
sanguisuga (f)	**pijawka** (ż)	[pi'jafka]
bruco (m)	**gąsienica** (ż)	[gɔ̃ɕe'niʦa]
verme (m)	**robak** (m)	['rɔbak]
larva (f)	**poczwarka** (ż)	[pɔʧ'farka]

FLORA

T&P Books Publishing

albero (m)	drzewo (n)	['dʒɛvɔ]
deciduo (agg)	liściaste	[liɕ'tʃastɛ]
conifero (agg)	iglaste	[ig'ʎastɛ]
sempreverde (agg)	wiecznie zielony	[vetʃnɛʒe'lɔnɨ]

melo (m)	jabłoń (ż)	['jabwɔɲ]
pero (m)	grusza (ż)	['gruʃa]
ciliegio (m)	czereśnia (ż)	[tʃɛ'rɛɕɲa]
amareno (m)	wiśnia (ż)	['viɕɲa]
prugno (m)	śliwa (ż)	['ɕliva]

betulla (f)	brzoza (ż)	['bʒɔza]
quercia (f)	dąb (m)	[dɔ̃p]
tiglio (m)	lipa (ż)	['lipa]
pioppo (m) tremolo	osika (ż)	[ɔ'ɕika]
acero (m)	klon (m)	['klɔn]

abete (m)	świerk (m)	['ɕferk]
pino (m)	sosna (ż)	['sɔsna]
larice (m)	modrzew (m)	['mɔdʒɛf]

| abete (m) bianco | jodła (ż) | [ɔdwa] |
| cedro (m) | cedr (m) | [tsɛdr] |

| pioppo (m) | topola (ż) | [tɔ'pɔʎa] |
| sorbo (m) | jarzębina (ż) | [jaʒɛ̃'bina] |

| salice (m) | wierzba iwa (ż) | ['veʒba 'iva] |
| alno (m) | olcha (ż) | ['ɔʎha] |

| faggio (m) | buk (m) | [buk] |
| olmo (m) | wiąz (m) | [vɔ̃z] |

| frassino (m) | jesion (m) | ['eɕɔn] |
| castagno (m) | kasztan (m) | ['kaʃtan] |

magnolia (f)	magnolia (ż)	[mag'nɔʎja]
palma (f)	palma (ż)	['paʎma]
cipresso (m)	cyprys (m)	['tsɨpris]

mangrovia (f)	drzewo (n) mangrowe	['dʒɛvɔ maɲ'rɔvɛ]
baobab (m)	baobab (m)	[ba'ɔbap]
eucalipto (m)	eukaliptus (m)	[ɛuka'liptus]
sequoia (f)	sekwoja (ż)	[sɛk'fɔja]

95. Arbusti

cespuglio (m)	krzew (m)	[kʃɛf]
arbusto (m)	krzaki (l.mn.)	['kʃaki]
vite (f)	winorośl (ż)	[vi'nɔrɔɕʎ]
vigneto (m)	winnica (ż)	[vi'ɲitsa]
lampone (m)	malina (ż)	[ma'lina]
ribes (m) rosso	porzeczka (ż) czerwona	[pɔ'ʒɛtʃka tʃɛr'vɔna]
uva (f) spina	agrest (m)	['agrɛst]
acacia (f)	akacja (ż)	[a'katsʰja]
crespino (m)	berberys (m)	[bɛr'bɛris]
gelsomino (m)	jaśmin (m)	['jaɕmin]
ginepro (m)	jałowiec (m)	[ja'wɔvets]
roseto (m)	róża (ż)	['ruʒa]
rosa (f) canina	dzika róża (ż)	['dʒika 'ruʒa]

96. Frutti. Bacche

frutto (m)	owoc (m)	['ɔvɔts]
frutti (m pl)	owoce (l.mn.)	[ɔ'vɔtsɛ]
mela (f)	jabłko (n)	['jabkɔ]
pera (f)	gruszka (ż)	['gruʃka]
prugna (f)	śliwka (ż)	['ɕlifka]
fragola (f)	truskawka (ż)	[trus'kafka]
amarena (f)	wiśnia (ż)	['viɕɲa]
ciliegia (f)	czereśnia (ż)	[tʃɛ'rɛɕɲa]
uva (f)	winogrona (l.mn.)	[vinɔg'rɔna]
lampone (m)	malina (ż)	[ma'lina]
ribes (m) nero	czarna porzeczka (ż)	['tʃarna pɔ'ʒɛtʃka]
ribes (m) rosso	czerwona porzeczka (ż)	[tʃɛr'vɔna pɔ'ʒɛtʃka]
uva (f) spina	agrest (m)	['agrɛst]
mirtillo (m) di palude	żurawina (ż)	[ʒura'vina]
arancia (f)	pomarańcza (ż)	[pɔma'raɲtʃa]
mandarino (m)	mandarynka (ż)	[manda'riŋka]
ananas (m)	ananas (ż)	[a'nanas]
banana (f)	banan (m)	['banan]
dattero (m)	daktyl (m)	['daktil]
limone (m)	cytryna (ż)	[tsit'rina]
albicocca (f)	morela (ż)	[mɔ'rɛʎa]
pesca (f)	brzoskwinia (ż)	[bʒɔsk'fiɲa]
kiwi (m)	kiwi (n)	['kivi]

pompelmo (m)	**grejpfrut** (m)	['grɛjpfrut]
bacca (f)	**jagoda** (ż)	[ja'gɔda]
bacche (f pl)	**jagody** (l.mn.)	[ja'gɔdi]
mirtillo (m) rosso	**borówka** (ż)	[bɔ'rufka]
fragola (f) di bosco	**poziomka** (ż)	[pɔ'ʒɔmka]
mirtillo (m)	**borówka** (ż) **czarna**	[bɔ'rɔfka 'ʧarna]

97. Fiori. Piante

fiore (m)	**kwiat** (m)	[kfʲat]
mazzo (m) di fiori	**bukiet** (m)	['buket]

rosa (f)	**róża** (ż)	['ruʒa]
tulipano (m)	**tulipan** (m)	[tu'lipan]
garofano (m)	**goździk** (m)	['gɔʑʥik]
gladiolo (m)	**mieczyk** (m)	['meʧik]

fiordaliso (m)	**bławatek** (m)	[bwa'vatɛk]
campanella (f)	**dzwonek** (m)	['dzvɔnɛk]
soffione (m)	**dmuchawiec** (m)	[dmu'havets]
camomilla (f)	**rumianek** (m)	[ru'mʲanɛk]

aloe (m)	**aloes** (m)	[a'lɔɛs]
cactus (m)	**kaktus** (m)	['kaktus]
ficus (m)	**fikus** (m)	['fikus]

giglio (m)	**lilia** (ż)	['liʎja]
geranio (m)	**pelargonia** (ż)	[pɛʎar'gɔɲja]
giacinto (m)	**hiacynt** (m)	['hʰjatsint]

mimosa (f)	**mimoza** (ż)	[mi'mɔza]
narciso (m)	**narcyz** (m)	['nartsis]
nasturzio (m)	**nasturcja** (ż)	[nas'turtsʰja]

orchidea (f)	**orchidea** (ż)	[ɔrhi'dɛa]
peonia (f)	**piwonia** (ż)	[pi'vɔɲja]
viola (f)	**fiołek** (m)	[fʰɔwɛk]

viola (f) del pensiero	**bratek** (m)	['bratɛk]
nontiscordardimé (m)	**niezapominajka** (ż)	[nezapɔmi'najka]
margherita (f)	**stokrotka** (ż)	[stɔk'rɔtka]

papavero (m)	**mak** (m)	[mak]
canapa (f)	**konopie** (l.mn.)	[kɔ'nɔpje]
menta (f)	**mięta** (ż)	['menta]

mughetto (m)	**konwalia** (ż)	[kɔn'vaʎja]
bucaneve (m)	**przebiśnieg** (m)	[pʃɛ'biɕnek]
ortica (f)	**pokrzywa** (ż)	[pɔk'ʃiva]
acetosa (f)	**szczaw** (m)	[ʃʧaf]

ninfea (f)	lilia wodna (ż)	['liʎja 'vɔdna]
felce (f)	paproć (ż)	['paprɔtʃ]
lichene (m)	porost (m)	['pɔrɔst]

serra (f)	szklarnia (ż)	['ʃkʎarɲa]
prato (m) erboso	trawnik (m)	['travnik]
aiuola (f)	klomb (m)	['klɔmp]

pianta (f)	roślina (ż)	[rɔɕ'lina]
erba (f)	trawa (ż)	['trava]
filo (m) d'erba	źdźbło (n)	[zʲdʒʲbwɔ]

foglia (f)	liść (m)	[liɕtʃ]
petalo (m)	płatek (m)	['pwatɛk]
stelo (m)	łodyga (ż)	[wɔ'diga]
tubero (m)	bulwa (ż)	['buʎva]

| germoglio (m) | kiełek (m) | ['kewɛk] |
| spina (f) | kolec (m) | ['kɔlets] |

fiorire (vi)	kwitnąć	['kfitnɔ̃tʃ]
appassire (vi)	więdnąć	['vendnɔ̃tʃ]
odore (m), profumo (m)	zapach (m)	['zapah]
tagliare (~ i fiori)	ściąć	[ɕtʃɔ̃ʲtʃ]
cogliere (vt)	zerwać	['zɛrvatʃ]

98. Cereali, granaglie

grano (m)	zboże (n)	['zbɔʒɛ]
cereali (m pl)	zboża (l.mn.)	['zbɔʒa]
spiga (f)	kłos (m)	[kwɔs]

frumento (m)	pszenica (ż)	[pʃɛ'nitsa]
segale (f)	żyto (n)	['ʒitɔ]
avena (f)	owies (m)	['ɔves]
miglio (m)	proso (n)	['prɔsɔ]
orzo (m)	jęczmień (m)	['entʃmɛ̃]

mais (m)	kukurydza (ż)	[kuku'ridza]
riso (m)	ryż (m)	[riʃ]
grano (m) saraceno	gryka (ż)	['grika]

pisello (m)	groch (m)	[grɔh]
fagiolo (m)	fasola (ż)	[fa'sɔʎa]
soia (f)	soja (ż)	['sɔja]
lenticchie (f pl)	soczewica (ż)	[sɔtʃɛ'vitsa]
fave (f pl)	bób (m)	[bup]

PAESI

BOOKS

T&P Books Publishing

Afghanistan (m)	**Afganistan** (n)	[avga'nistan]
Albania (f)	**Albania** (ż)	[aʎ'baɲja]
Arabia Saudita (f)	**Arabia** (ż) **Saudyjska**	[a'rabʰja sau'dijska]
Argentina (f)	**Argentyna** (ż)	[argɛn'tina]
Armenia (f)	**Armenia** (ż)	[ar'mɛɲja]
Australia (f)	**Australia** (ż)	[aust'raʎja]
Austria (f)	**Austria** (ż)	['austrʰja]
Azerbaigian (m)	**Azerbejdżan** (m)	[azɛr'bɛjdʒan]

Le Bahamas	**Wyspy** (l.mn.) **Bahama**	['vɨspɨ ba'hama]
Bangladesh (m)	**Bangladesz** (m)	[baŋʎa'dɛʃ]
Belgio (m)	**Belgia** (ż)	['bɛʎgʰja]
Bielorussia (f)	**Białoruś** (ż)	[bia'woruɕ]
Birmania (f)	**Mjanma** (ż)	['mjanma]
Bolivia (f)	**Boliwia** (ż)	[bɔ'livʰja]
Bosnia-Erzegovina (f)	**Bośnia i Hercegowina** (ż)	['bɔɕɲa i hɛrtsɛgɔ'vina]
Brasile (m)	**Brazylia** (ż)	[bra'ziʎja]
Bulgaria (f)	**Bułgaria** (ż)	[buw'garʰja]

Cambogia (f)	**Kambodża** (ż)	[kam'bɔdʒa]
Canada (m)	**Kanada** (ż)	[ka'nada]
Cile (m)	**Chile** (n)	['tʃile]
Cina (f)	**Chiny** (l.mn.)	['hinɨ]
Cipro (m)	**Cypr** (m)	[tsɨpr]
Colombia (f)	**Kolumbia** (ż)	[kɔ'lymbʰja]
Corea (f) del Nord	**Korea** (ż) **Północna**	[kɔ'rɛa puw'nɔtsna]
Corea (f) del Sud	**Korea** (ż) **Południowa**	[kɔ'rɛa pɔwud'nɔva]
Croazia (f)	**Chorwacja** (ż)	[hɔr'vatsʰja]
Cuba (f)	**Kuba** (ż)	['kuba]
Danimarca (f)	**Dania** (ż)	['daɲja]
Ecuador (m)	**Ekwador** (m)	[ɛk'fadɔr]
Egitto (m)	**Egipt** (m)	['ɛgipt]
Emirati (m pl) Arabi	**Zjednoczone Emiraty Arabskie**	[zʰednɔt'ʃɔnɛ ɛmi'rati a'rapske]
Estonia (f)	**Estonia** (ż)	[ɛs'tɔɲja]
Finlandia (f)	**Finlandia** (ż)	[fin'ʎandʰja]
Francia (f)	**Francja** (ż)	['frantsʰja]

Georgia (f)	**Gruzja** (ż)	['gruzʰja]
Germania (f)	**Niemcy** (l.mn.)	['nemtsɨ]

Ghana (m)	**Ghana** (z)	['gana]
Giamaica (f)	**Jamajka** (z)	[ja'majka]
Giappone (m)	**Japonia** (z)	[ja'pɔɲja]
Giordania (f)	**Jordania** (z)	[ɜr'danja]
Gran Bretagna (f)	**Wielka Brytania** (z)	['veʎka bri'taɲja]
Grecia (f)	**Grecja** (z)	['grɛtsʰja]
Haiti (m)	**Haiti** (n)	[ha'iti]
India (f)	**Indie** (l.mn.)	['indʰe]
Indonesia (f)	**Indonezja** (z)	[indɔ'nɛzʰja]
Inghilterra (f)	**Anglia** (z)	['aɲʎja]
Iran (m)	**Iran** (m)	['iran]
Iraq (m)	**Irak** (m)	['irak]
Irlanda (f)	**Irlandia** (z)	[ir'ʎandʰja]
Islanda (f)	**Islandia** (z)	[is'ʎandʰja]
Israele (m)	**Izrael** (m)	[iz'raɛʎ]
Italia (f)	**Włochy** (l.mn.)	['vwɔhɨ]
Kazakistan (m)	**Kazachstan** (m)	[ka'zahstan]
Kenya (m)	**Kenia** (z)	['kɛɲja]
Kirghizistan (m)	**Kirgizja** (z), **Kirgistan** (m)	[kir'gizʰja], [kir'gistan]
Kuwait (m)	**Kuwejt** (m)	['kuvɛjt]
Laos (m)	**Laos** (m)	['ʎaɔs]
Lettonia (f)	**Łotwa** (z)	['wɔtfa]
Libano (m)	**Liban** (m)	['liban]
Libia (f)	**Libia** (z)	['libʰja]
Liechtenstein (m)	**Liechtenstein** (m)	['lihtɛnʃtajn]
Lituania (f)	**Litwa** (z)	['litfa]
Lussemburgo (m)	**Luksemburg** (m)	['lyksɛmburk]
Macedonia (f)	**Macedonia** (z)	[matsɛ'dɔɲja]
Madagascar (m)	**Madagaskar** (m)	[mada'gaskar]
Malesia (f)	**Malezja** (z)	[ma'lezʰja]
Malta (f)	**Malta** (z)	['maʎta]
Marocco (m)	**Maroko** (n)	[ma'rɔkɔ]
Messico (m)	**Meksyk** (m)	['mɛksɨk]
Moldavia (f)	**Mołdawia** (z)	[mɔw'davʰja]
Monaco (m)	**Monako** (n)	[mɔ'nakɔ]
Mongolia (f)	**Mongolia** (z)	[mɔ'ŋɔʎja]
Montenegro (m)	**Czarnogóra** (z)	[tʃarnɔ'gura]
Namibia (f)	**Namibia** (z)	[na'mibʰja]
Nepal (m)	**Nepal** (m)	['nɛpaʎ]
Norvegia (f)	**Norwegia** (z)	[nɔr'vɛgʰja]
Nuova Zelanda (f)	**Nowa Zelandia** (z)	['nɔva zɛ'ʎandʰja]

101. Paesi. Parte 3

Paesi Bassi (m pl)	**Niderlandy** (l.mn.)	[nidɛr'ʎandɨ]
Pakistan (m)	**Pakistan** (m)	[pa'kistan]

Palestina (f)	Autonomia (ż) Palestyńska	[autoˈnɔmʰja palesˈtiɲska]
Panama (m)	Panama (ż)	[paˈnama]
Paraguay (m)	Paragwaj (m)	[paˈragvaj]
Perù (m)	Peru (n)	[ˈpɛru]
Polinesia (f) Francese	Polinezja (ż) Francuska	[poliˈnɛzʰja franˈʦuska]
Polonia (f)	Polska (ż)	[ˈpoʎska]
Portogallo (f)	Portugalia (ż)	[portuˈgaʎja]
Repubblica (f) Ceca	Czechy (l.mn.)	[ˈʧɛhi]
Repubblica (f) Dominicana	Dominikana (ż)	[dominiˈkana]
Repubblica (f) Sudafricana	Afryka (ż) Południowa	[ˈafrika powudˈnɔva]
Romania (f)	Rumunia (ż)	[ruˈmuɲja]
Russia (f)	Rosja (ż)	[ˈrɔsʰja]
Scozia (f)	Szkocja (ż)	[ˈʃkɔʦʰja]
Senegal (m)	Senegal (m)	[sɛˈnɛgaʎ]
Serbia (f)	Serbia (ż)	[ˈsɛrbʰja]
Siria (f)	Syria (ż)	[ˈsirʰja]
Slovacchia (f)	Słowacja (ż)	[swɔˈvaʦʰja]
Slovenia (f)	Słowenia (ż)	[swɔˈvɛɲja]
Spagna (f)	Hiszpania (ż)	[hiʃˈpaɲja]
Stati (m pl) Uniti d'America	Stany (l.mn.) Zjednoczone Ameryki	[ˈstani zʰednɔˈʧɔnɛ aˈmɛriki]
Suriname (m)	Surinam (m)	[suˈrinam]
Svezia (f)	Szwecja (ż)	[ˈʃfɛʦʰja]
Svizzera (f)	Szwajcaria (ż)	[ʃfajˈʦarʰja]
Tagikistan (m)	Tadżykistan (m)	[tadʒiˈkistan]
Tailandia (f)	Tajlandia (ż)	[tajˈʎandʰja]
Taiwan (m)	Tajwan (m)	[ˈtajvan]
Tanzania (f)	Tanzania (ż)	[tanˈzaɲja]
Tasmania (f)	Tasmania (ż)	[tasˈmaɲja]
Tunisia (f)	Tunezja (ż)	[tuˈnɛzʰja]
Turchia (f)	Turcja (ż)	[ˈturʦʰja]
Turkmenistan (m)	Turkmenia (ż)	[turkˈmɛɲja]
Ucraina (f)	Ukraina (ż)	[ukraˈina]
Ungheria (f)	Węgry (l.mn.)	[ˈvɛŋri]
Uruguay (m)	Urugwaj (m)	[uˈrugvaj]
Uzbekistan (m)	Uzbekistan (m)	[uzbɛˈkistan]
Vaticano (m)	Watykan (m)	[vaˈtikan]
Venezuela (f)	Wenezuela (ż)	[vɛnɛzuˈɛʎa]
Vietnam (m)	Wietnam (m)	[ˈvʰetnam]
Zanzibar	Zanzibar (m)	[zanˈzibar]

T&P BOOKS

DIZIONARIO
GASTRONOMICO

Questa sezione contiene
molti vocaboli e termini
collegati ai generi alimentari.
Questo dizionario renderà
più facile la comprensione
del menù al ristorante per
scegliere il piatto che più
vi piace

T&P Books Publishing

Italiano-Polacco dizionario gastronomico

Italiano	Polacco	Pronuncia
abramide (f)	leszcz (m)	[leʃʧ]
aceto (m)	ocet (m)	['ɔʦet]
acqua (f)	woda (ż)	['vɔda]
acqua (f) minerale	woda (ż) mineralna	['vɔda minɛ'raʎna]
acqua (f) potabile	woda (ż) pitna	['vɔda 'pitna]
affumicato	wędzony	[vɛ̃'dzɔni]
aglio (m)	czosnek (m)	['ʧɔsnɛk]
agnello (m)	baranina (ż)	[bara'nina]
al cioccolato	czekoladowy	[ʧɛkɔʎa'dɔvi]
albicocca (f)	morela (ż)	[mɔ'rɛʎa]
albume (m)	białko (n)	['bʲawkɔ]
alloro (m)	liść (m) laurowy	[liɕʧ ʎau'rɔvi]
amarena (f)	wiśnia (ż)	['viɕɲa]
amaro	gorzki	['gɔʃki]
analcolico	bezalkoholowy	[bɛzaʎkɔhɔ'lɔvi]
ananas (m)	ananas (m)	[a'nanas]
anatra (f)	kaczka (ż)	['kaʧka]
aneto (m)	koperek (m)	[kɔ'pɛrɛk]
anguilla (f)	węgorz (m)	['vɛŋɔʃ]
anguria (f)	arbuz (m)	['arbus]
anice (m)	anyż (m)	['aniʃ]
antipasto (m)	przystawka (ż)	[pʃis'tafka]
aperitivo (m)	aperitif (m)	[apɛri'tif]
appetito (m)	apetyt (m)	[a'pɛtit]
apribottiglie (m)	otwieracz (m) do butelek	[ɔt'fɛraʧ dɛ bu'tɛlek]
apriscatole (m)	otwieracz (m) do puszek	[ɔt'fɛraʧ dɛ 'puʃɛk]
arachide (f)	orzeszek (l.mn.) ziemny	[ɔ'ʒɛʃɛk 'ʒemnɛ]
aragosta (f)	langusta (ż)	[ʎa'ŋusta]
arancia (f)	pomarańcza (ż)	[pɔma'raɲʧa]
aringa (f)	śledź (m)	[ɕleʧ]
asparago (m)	szparagi (l.mn.)	[ʃpa'ragi]
avena (f)	owies (m)	['ɔves]
avocado (m)	awokado (n)	[avɔ'kadɔ]
bacca (f)	jagoda (ż)	[ja'gɔda]
bacche (f pl)	jagody (l.mn.)	[ja'gɔdi]
banana (f)	banan (m)	['banan]
barbabietola (f)	burak (m)	['burak]
barista (m)	barman (m)	['barman]
basilico (m)	bazylia (ż)	[ba'ziʎja]
bevanda (f) analcolica	napój (m) bezalkoholowy	['napuj bɛzalkɔhɔ'lɔvi]
bevande (f pl) alcoliche	napoje (l.mn.) alkoholowe	[na'pɔe aʎkɔhɔ'lɔvɛ]
bibita (f)	napój (m) orzeźwiający	['napuj ɔʒɛʑ'vjaɔ̃tsi]
bicchiere (m)	szklanka (ż)	['ʃkʎaŋka]
birra (f)	piwo (n)	['pivɔ]

birra (f) chiara	piwo (n) jasne	[pivɔ 'jasnɛ]
birra (f) scura	piwo (n) ciemne	[pivɔ 'tɕemnɛ]
biscotti (m pl)	herbatniki (l.mn.)	[hɛrbat'niki]
bistecca (f)	befsztyk (m)	['bɛfʃtik]
boleto (m) rufo	koźlarz (m) czerwony	['kɔʑʎaʃ tɕɛr'vɔni]
bollito	gotowany	[gɔtɔ'vani]
briciola (f)	okruchek (m)	[ɔk'ruhɛk]
broccolo (m)	brokuły (l.mn.)	[brɔ'kuwi]
brodo (m)	rosół (m)	['rɔsuw]
buccia (f)	skórka (ż)	['skurka]
Buon appetito!	Smacznego!	[smatʃ'nɛgɔ]
buono, gustoso	smaczny	['smatʃni]
burro (m)	masło (n) śmietankowe	['maswɔ ɕmeta'ŋkɔvɛ]
cacciagione (f)	dziczyzna (ż)	[dʑit'ʃizna]
caffè (m)	kawa (ż)	['kava]
caffè (m) nero	czarna kawa (ż)	['tʃarna 'kava]
caffè (m) solubile	kawa (ż) rozpuszczalna	['kava rɔspuʃt'ʃaʎna]
caffè latte (m)	kawa (ż) z mlekiem	['kava z 'mlekem]
calamaro (m)	kałamarnica (ż)	[kawamar'nitsa]
caldo	gorący	[gɔ'rɔ̃tɕi]
calice (m)	kielich (m)	['kelih]
caloria (f)	kaloria (ż)	[ka'lɔrja]
cameriera (f)	kelnerka (ż)	[kɛʎ'nɛrka]
cameriere (m)	kelner (m)	['kɛʎnɛr]
cannella (f)	cynamon (m)	[tsi'namɔn]
cappuccino (m)	cappuccino (n)	[kapu'tʃinɔ]
caramella (f)	cukierek (m)	[tsu'kerɛk]
carboidrati (m pl)	węglowodany (l.mn.)	[vɛ̃ɡvɔvɔ'dani]
carciofo (m)	karczoch (m)	['kartʃɔh]
carne (f)	mięso (n)	['mensɔ]
carne (f) trita	farsz (m)	[farʃ]
carota (f)	marchew (ż)	['marhɛf]
carpa (f)	karp (m)	[karp]
cavatappi (m)	korkociąg (m)	[kɔr'kɔtɕɔ̃k]
caviale (m)	kawior (m)	['kavɔr]
cavoletti (m pl) di Bruxelles	brukselka (ż)	[bruk'sɛʎka]
cavolfiore (m)	kalafior (m)	[ka'ʎafɔr]
cavolo (m)	kapusta (ż)	[ka'pusta]
cena (f)	kolacja (ż)	[kɔ'ʎatsʰja]
cereali (m pl)	kasza (ż)	['kaʃa]
cereali (m pl)	zboża (l.mn.)	['zbɔʒa]
cetriolo (m)	ogórek (m)	[ɔ'gurɛk]
champagne (m)	szampan (m)	['ʃampan]
chiodi (m pl) di garofano	goździki (l.mn.)	['gɔʑdʑiki]
cibi (m pl) in scatola	konserwy (l.mn.)	[kɔn'sɛrvi]
cibo (m)	jedzenie (n)	[e'dʑɛne]
ciliegia (f)	czereśnia (ż)	[tʃɛ'rɛɕɲa]
cioccolato (m)	czekolada (ż)	[tʃɛkɔ'ʎada]
cipolla (f)	cebula (ż)	[tsɛ'buʎa]
cocktail (m)	koktajl (m)	['kɔktajʎ]
cognac (m)	koniak (m)	['kɔɲjak]

colazione (f)	śniadanie (n)	[ɕɲa'dane]
coltello (m)	nóż (m)	[nuʃ]
con ghiaccio	z lodem	[z 'lɔdɛm]
condimento (m)	przyprawa (z)	[pʃip'rava]
congelato	mrożony	[mrɔ'ʒɔni]
coniglio (m)	królik (m)	['krulik]
conto (m)	rachunek (m)	[ra'hunɛk]
contorno (m)	dodatki (l.mn.)	[dɔ'datki]
coriandolo (m)	kolendra (z)	[kɔ'lendra]
crema (f)	krem (m)	[krɛm]
cren (m)	chrzan (m)	[hʃan]
crostata (f)	ciasto (n)	['ʧastɔ]
cucchiaino (m) da tè	łyżeczka (z)	[wi'ʒɛʧka]
cucchiaio (m)	łyżka (z)	['wiʃka]
cucchiaio (m)	łyżka (z) stołowa	['wiʃka stɔ'wɔva]
cucina (f)	kuchnia (z)	['kuhɲa]
cumino, comino (m)	kminek (m)	['kminɛk]
dattero (m)	daktyl (m)	['daktɨl]
dieta (f)	dieta (z)	['dʰeta]
dolce	słodki	['swɔtki]
dolce (m)	deser (m)	['dɛsɛr]
fagiolo (m)	fasola (z)	[fa'sɔʎa]
farina (f)	mąka (z)	['mõka]
fave (f pl)	bób (m)	[bup]
fegato (m)	wątróbka (z)	[võt'rupka]
fetta (f), fettina (f)	plasterek (m)	[pʎas'tɛrɛk]
fico (m)	figa (z)	['figa]
fiocchi (m pl) di mais	płatki (l.mn.) kukurydziane	['pwatki kukuri'dʒʲanɛ]
forchetta (f)	widelec (m)	[vi'dɛlɛts]
formaggio (m)	ser (m)	[sɛr]
fragola (f)	truskawka (z)	[trus'kafka]
fragola (f) di bosco	poziomka (z)	[pɔ'ʒɔmka]
freddo	zimny	['ʒimnɨ]
frittata (f)	omlet (m)	['ɔmlɛt]
fritto	smażony	[sma'ʒɔnɨ]
frizzante	gazowana	[ga'zɔvana]
frullato (m)	koktajl (m) mleczny	['kɔktajʎ 'mletʃnɨ]
frumento (m)	pszenica (z)	[pʃɛ'nitsa]
frutti (m pl)	owoce (l.mn.)	[ɔ'vɔtsɛ]
frutti (m pl) di mare	owoce (l.mn.) morza	[ɔ'vɔtsɛ 'mɔʒa]
frutto (m)	owoc (m)	['ɔvɔts]
fungo (m)	grzyb (m)	[gʒɨp]
fungo (m) commestibile	grzyb (m) jadalny	[gʒɨp ja'daʎnɨ]
fungo (m) moscario	psi grzyb (m)	[pɕi gʒɨp]
fungo (m) velenoso	grzyb (m) trujący	[gʒɨp truõtsɨ]
gallinaccio (m)	kurka (z)	['kurka]
gamberetto (m)	krewetka (z)	[krɛ'vɛtka]
gassata	gazowana	[ga'zɔvana]
gelato (m)	lody (l.mn.)	['lɔdɨ]
ghiaccio (m)	lód (m)	[lyt]
gin (m)	dżin (m), gin (m)	[dʒin]
gomma (f) da masticare	guma (z) do żucia	['guma dɔ 'ʒuʧʲa]

granchio (m)	krab (m)	[krap]
grano (m)	zboże (n)	['zbɔʒɛ]
grano (m) saraceno	gryka (ż)	['grika]
grassi (m pl)	tłuszcze (l.mn.)	['twuʃʧɛ]
gusto (m)	smak (m)	[smak]
hamburger (m)	hamburger (m)	[ham'burgɛr]
insalata (f)	sałatka (ż)	[sa'watka]
ippoglosso (m)	halibut (m)	[ha'libut]
kiwi (m)	kiwi (n)	['kivi]
lampone (m)	malina (ż)	[ma'lina]
latte (m)	mleko (n)	['mlekɔ]
latte (m) condensato	mleko skondensowane	['mlekɔ skɔndɛnsɔ'vanɛ]
lattuga (f)	sałata (ż)	[sa'wata]
lenticchie (f pl)	soczewica (ż)	[sɔtʃɛ'vitsa]
limonata (f)	lemoniada (ż)	[lemɔ'njada]
limone (m)	cytryna (ż)	[tsit'rina]
lingua (f)	ozór (m)	['ɔzur]
liquore (m)	likier (m)	['liker]
liscia, non gassata	niegazowana	[nega'zɔvana]
lista (f) dei vini	karta (ż) win	['karta vin]
luccio (m)	szczupak (m)	['ʃʧupak]
lucioperca (f)	sandacz (m)	['sandaʧ]
maiale (m)	wieprzowina (ż)	[vepʃɔ'vina]
maionese (m)	majonez (m)	[maɔnɛs]
mais (m)	kukurydza (ż)	[kuku'riʣa]
mais (m)	kukurydza (ż)	[kuku'riʣa]
mancia (f)	napiwek (m)	[na'pivɛk]
mandarino (m)	mandarynka (ż)	[manda'riŋka]
mandorla (f)	migdał (m)	['migdaw]
mango (m)	mango (n)	['maŋɔ]
manzo (m)	wołowina (ż)	[vɔwɔ'vina]
margarina (f)	margaryna (ż)	[marga'rina]
marmellata (f)	dżem (m)	[ʤɛm]
marmellata (f)	konfitura (ż)	[kɔnfi'tura]
marmellata (f) di agrumi	marmolada (ż)	[marmɔ'ʎada]
mela (f)	jabłko (n)	['jabkɔ]
melagrana (f)	granat (m)	['granat]
melanzana (f)	bakłażan (m)	[bak'waʒan]
melone (m)	melon (m)	['mɛlɔn]
menù (m)	menu (n)	['menu]
merluzzo (m)	dorsz (m)	[dɔrʃ]
miele (m)	miód (m)	[myt]
miglio (m)	proso (n)	['prɔsɔ]
minestra (f)	zupa (ż)	['zupa]
mirtillo (m)	borówka (ż) czarna	[bɔ'rɔfka 'ʧarna]
mirtillo (m) di palude	żurawina (ż)	[ʒura'vina]
mirtillo (m) rosso	borówka (ż)	[bɔ'rufka]
mora (f)	jeżyna (ż)	[e'ʒina]
nocciola (f)	orzech (m) laskowy	['ɔʒɛh ʎas'kɔvi]
noce (f)	orzech (m) włoski	['ɔʒɛh 'vwɔski]
noce (f) di cocco	orzech (m) kokosowy	['ɔʒɛh kɔkɔ'sɔvi]
oca (f)	gęś (ż)	[gɛ̃ɕ]

olio (m) d'oliva	olej (m) oliwkowy	['ɔlej ɔlif'kɔvi]
olio (m) di girasole	olej (m) słonecznikowy	['ɔlej swɔnɛtʃnikɔvi]
olio (m) vegetale	olej (m) roślinny	['ɔlej rɔɕliɲi]
olive (f pl)	oliwki (ż, l.mn.)	[ɔ'lifki]
ortaggi (m pl)	warzywa (l.mn.)	[va'ʒiva]
orzo (m)	jęczmień (m)	['entʃmɛ̃]
ostrica (f)	ostryga (ż)	[ɔst'riga]
ovolaccio (m)	muchomor (m)	[mu'hɔmɔr]
pâté (m)	pasztet (m)	['paʃtɛt]
pancetta (f)	boczek (m)	['bɔtʃɛk]
pane (m)	chleb (m)	[hlep]
panino (m)	kanapka (ż)	[ka'napka]
panna (f)	śmietanka (ż)	[ɕme'taŋka]
panna (f) acida	śmietana (ż)	[ɕme'tana]
papaia (f)	papaja (ż)	[pa'paja]
paprica (f)	papryka (ż)	[pap'rika]
pasta (f)	makaron (m)	[ma'karɔn]
pasticceria (f)	wyroby (l.mn.) cukiernicze	[vi'rɔbi tsuker'nitʃɛ]
patata (f)	ziemniak (m)	[ʒem'ɲak]
pepe (m) nero	pieprz (m) czarny	[pepʃ 'tʃarni]
peperoncino (m)	papryka (ż)	[pap'rika]
peperone (m)	słodka papryka (ż)	['swɔdka pap'rika]
pera (f)	gruszka (ż)	['gruʃka]
perca (f)	okoń (m)	['ɔkɔɲ]
pesca (f)	brzoskwinia (ż)	[bʒɔsk'fiɲa]
pesce (m)	ryba (ż)	['riba]
pesce (m) gatto	sum (m)	[sum]
pezzo (m)	kawałek (m)	[ka'vawɛk]
piattino (m)	spodek (m)	['spɔdɛk]
piatto (m)	danie (n)	['dane]
piatto (m)	talerz (m)	['taleʃ]
pisello (m)	groch (m)	[grɔh]
pistacchi (m pl)	fistaszki (l.mn.)	[fis'taʃki]
pizza (f)	pizza (ż)	['pitsa]
pollo (m)	kurczak (m)	['kurtʃak]
pomodoro (m)	pomidor (m)	[pɔ'midɔr]
pompelmo (m)	grejpfrut (m)	['grɛjpfrut]
porcinello (m)	koźlarz (m)	['kɔʑʎaʃ]
porcino (m)	prawdziwek (m)	[prav'dʒivɛk]
porridge (m)	kasza (ż)	['kaʃa]
porzione (f)	porcja (ż)	['pɔrtsʰja]
pranzo (m)	obiad (m)	['ɔbʲat]
prezzemolo (m)	pietruszka (ż)	[pet'ruʃka]
prosciutto (m)	szynka (ż)	['ʃiŋka]
prosciutto (m) affumicato	szynka (ż)	['ʃiŋka]
proteine (f pl)	białka (l.mn.)	['bʲawka]
prugna (f)	śliwka (ż)	['ɕlifka]
pub (m), bar (m)	bar (m)	[bar]
rapa (f)	rzepa (ż)	['ʒɛpa]
ravanello (m)	rzodkiewka (ż)	[ʒɔt'kefka]
retrogusto (m)	posmak (m)	['pɔsmak]
ribes (m) nero	czarna porzeczka (ż)	['tʃarna pɔ'ʒɛtʃka]

ribes (m) rosso	czerwona porzeczka (ż)	[tʃɛr'vɔna pɔ'ʒɛtʃka]
ricetta (f)	przepis (m)	['pʃɛpis]
ripieno (m)	nadzienie (n)	[na'dʑene]
riso (m)	ryż (m)	[riʃ]
rossola (f)	gołąbek (m)	[gɔ'wɔ̃bɛk]
rum (m)	rum (m)	[rum]
salame (m)	kiełbasa (ż)	[kew'basa]
salato	słony	['swɔnɨ]
sale (m)	sól (ż)	[suʎ]
salmone (m)	łosoś (m)	['wɔsɔɕ]
salmone (m)	łosoś (m)	['wɔsɔɕ]
salsa (f)	sos (m)	[sɔs]
sardina (f)	sardynka (ż)	[sar'dɨnka]
scombro (m)	makrela (ż)	[mak'rɛla]
secco	suszony	[su'ʃɔnɨ]
sedano (m)	seler (m)	['sɛler]
segale (f)	żyto (n)	['ʒɨtɔ]
senape (f)	musztarda (ż)	[muʃ'tarda]
sesamo (m)	sezam (m)	['sɛzam]
sogliola (f)	flądra (ż)	[flɔ̃dra]
soia (f)	soja (ż)	['sɔja]
sottoaceto	marynowany	[marɨnɔ'vanɨ]
spaghetti (m pl)	spaghetti (n)	[spa'gɛtti]
spezie (f pl)	przyprawa (ż)	[pʃɨp'rava]
spiga (f)	kłos (m)	[kwɔs]
spinaci (m pl)	szpinak (m)	['ʃpinak]
spremuta (f)	sok (m) ze świeżych owoców	[sɔk zɛ 'ɕfeʑɨh ɔ'vɔʦuf]
spugnola (f)	smardz (m)	[smarʦ]
squalo (m)	rekin (m)	['rɛkin]
storione (m)	mięso (n) jesiotra	['mensɔ e'ɕɔtra]
stuzzicadenti (m)	wykałaczka (ż)	[vɨka'watʃka]
succo (m)	sok (m)	[sɔk]
succo (m) d'arancia	sok (m) pomarańczowy	[sɔk pɔmaraɲ'tʃɔvɨ]
succo (m) di pomodoro	sok (m) pomidorowy	[sɔk pɔmidɔ'rɔvɨ]
tè (m)	herbata (ż)	[hɛr'bata]
tè (m) nero	czarna herbata (ż)	['tʃarna hɛr'bata]
tè (m) verde	zielona herbata (ż)	[ʑe'lɔna hɛr'bata]
tacchino (m)	indyk (m)	['indɨk]
tagliatelle (f pl)	makaron (m)	[ma'karɔn]
tazza (f)	filiżanka (ż)	[fili'ʒanka]
tonno (m)	tuńczyk (m)	['tuɲtʃik]
torta (f)	tort (m)	[tɔrt]
tortina (f)	ciastko (n)	['tɕastkɔ]
trota (f)	pstrąg (m)	[pstrɔ̃k]
tuorlo (m)	żółtko (n)	['ʒuwtkɔ]
uova (f pl)	jajka (l.mn.)	['jajka]
uova (f pl) al tegamino	jajecznica (ż)	[jaetʃ'nitsa]
uovo (m)	jajko (n)	['jajkɔ]
uva (f)	winogrona (l.mn.)	[vinɔg'rɔna]
uva (f) spina	agrest (m)	['agrɛst]
uvetta (f)	rodzynek (m)	[rɔ'dʑinɛk]

vegetariano	**wegetariański**	[vɛgɛtarʰˈjaɲski]
vegetariano (m)	**wegetarianin** (m)	[vɛgɛtarʰˈjanin]
verdura (f)	**włoszczyzna** (ż)	[vwɔʃˈt͡ʃizna]
vermouth (m)	**wermut** (m)	[ˈvɛrmut]
vino (m)	**wino** (n)	[ˈvinɔ]
vino (m) bianco	**białe wino** (n)	[ˈbʲawɛ ˈvinɔ]
vino (m) rosso	**czerwone wino** (n)	[t͡ʃɛrˈvɔnɛ ˈvinɔ]
vitamina (f)	**witamina** (ż)	[vitaˈmina]
vitello (m)	**cielęcina** (ż)	[t͡ɕelɛ̃ˈt͡ɕina]
vodka (f)	**wódka** (ż)	[ˈvutka]
würstel (m)	**parówka** (ż)	[paˈrufka]
wafer (m)	**wafle** (l.mn.)	[ˈvafle]
whisky	**whisky** (ż)	[uˈiski]
yogurt (m)	**jogurt** (m)	[ɜgurt]
zafferano (m)	**szafran** (m)	[ˈʃafran]
zenzero (m)	**imbir** (m)	[ˈimbir]
zucca (f)	**dynia** (ż)	[ˈdiɲa]
zucchero (m)	**cukier** (m)	[ˈt͡suker]
zucchina (f)	**kabaczek** (m)	[kaˈbat͡ʃɛk]

łosoś (m)	['wɔsɔɕ]	salmone (m)
łosoś (m)	['wɔsɔɕ]	salmone (m)
łyżeczka (ż)	[wiˈʒɛtʃka]	cucchiaino (m) da tè
łyżka (ż)	['wiʃka]	cucchiaio (m)
łyżka (ż) stołowa	['wiʃka stɔ'wɔva]	cucchiaio (m)
śledź (m)	[ɕletʃ]	aringa (f)
śliwka (ż)	['ɕlifka]	prugna (f)
śmietana (ż)	[ɕme'tana]	panna (f) acida
śmietanka (ż)	[ɕme'taŋka]	panna (f)
śniadanie (n)	[ɕɲa'dane]	colazione (f)
żółtko (n)	['ʒuwtkɔ]	tuorlo (m)
żurawina (ż)	[ʒura'vina]	mirtillo (m) di palude
żyto (n)	['ʒitɔ]	segale (f)
agrest (m)	['agrɛst]	uva (f) spina
ananas (m)	[a'nanas]	ananas (m)
anyż (m)	['aniʃ]	anice (m)
aperitif (m)	[apɛri'tif]	aperitivo (m)
apetyt (m)	[a'pɛtit]	appetito (m)
arbuz (m)	['arbus]	anguria (f)
awokado (n)	[avɔ'kadɔ]	avocado (m)
bób (m)	[bup]	fave (f pl)
bakłażan (m)	[bak'waʒan]	melanzana (f)
banan (m)	['banan]	banana (f)
bar (m)	[bar]	pub (m), bar (m)
baranina (ż)	[bara'nina]	agnello (m)
barman (m)	['barman]	barista (m)
bazylia (ż)	[ba'ziʎja]	basilico (m)
befsztyk (m)	['bɛfʃtik]	bistecca (f)
bezalkoholowy	[bɛzaʎkɔhɔ'lɔvi]	analcolico
białe wino (n)	['bʲawɛ 'vinɔ]	vino (m) bianco
białka (l.mn.)	['bʲawka]	proteine (f pl)
białko (n)	['bʲawkɔ]	albume (m)
boczek (m)	['bɔtʃɛk]	pancetta (f)
borówka (ż)	[bɔ'rufka]	mirtillo (m) rosso
borówka (ż) czarna	[bɔ'rɔfka 'tʃarna]	mirtillo (m)
brokuły (l.mn.)	[brɔ'kuwi]	broccolo (m)
brukselka (ż)	[bruk'sɛʎka]	cavoletti (m pl) di Bruxelles
brzoskwinia (ż)	[bʒɔsk'fiɲa]	pesca (f)
burak (m)	['burak]	barbabietola (f)
cappuccino (n)	[kapu'tʃinɔ]	cappuccino (m)
cebula (ż)	[ʦɛ'buʎa]	cipolla (f)
chleb (m)	[hlep]	pane (m)
chrzan (m)	[hʃan]	cren (m)

ciastko (n)	['tʃastkɔ]	tortina (f)
ciasto (n)	['tʃastɔ]	crostata (f)
cielęcina (ż)	[tʃelɛ̃'tʃina]	vitello (m)
cukier (m)	['tsuker]	zucchero (m)
cukierek (m)	[tsu'kerɛk]	caramella (f)
cynamon (m)	[tsɨ'namɔn]	cannella (f)
cytryna (ż)	[tsɨt'rina]	limone (m)
czarna herbata (ż)	['tʃarna hɛr'bata]	tè (m) nero
czarna kawa (ż)	['tʃarna 'kava]	caffè (m) nero
czarna porzeczka (ż)	['tʃarna pɔ'ʒɛtʃka]	ribes (m) nero
czekolada (ż)	[tʃɛkɔ'ʎada]	cioccolato (m)
czekoladowy	[tʃɛkɔʎa'dɔvɨ]	al cioccolato
czereśnia (ż)	[tʃɛ'rɛɡɲa]	ciliegia (f)
czerwona porzeczka (ż)	[tʃɛr'vɔna pɔ'ʒɛtʃka]	ribes (m) rosso
czerwone wino (n)	[tʃɛr'vɔnɛ 'vinɔ]	vino (m) rosso
czosnek (m)	['tʃɔsnɛk]	aglio (m)
dżem (m)	[dʒɛm]	marmellata (f)
dżin (m), gin (m)	[dʒin]	gin (m)
daktyl (m)	['daktɨl]	dattero (m)
danie (n)	['dane]	piatto (m)
deser (m)	['dɛsɛr]	dolce (m)
dieta (ż)	['dʰeta]	dieta (f)
dodatki (l.mn.)	[dɔ'datki]	contorno (m)
dorsz (m)	[dɔrʃ]	merluzzo (m)
dynia (ż)	['dɨɲa]	zucca (f)
dziczyzna (ż)	[dʒit'ʃizna]	cacciagione (f)
farsz (m)	[farʃ]	carne (f) trita
fasola (ż)	[fa'sɔʎa]	fagiolo (m)
figa (ż)	['figa]	fico (m)
filiżanka (ż)	[fili'ʒaŋka]	tazza (f)
fistaszki (l.mn.)	[fis'taʃki]	pistacchi (m pl)
flądra (ż)	[flɔ̃dra]	sogliola (f)
gęś (ż)	[gɛ̃ɕ]	oca (f)
gazowana	[ga'zɔvana]	gassata
gazowana	[ga'zɔvana]	frizzante
gołąbek (m)	[gɔ'wɔ̃bɛk]	rossola (f)
goździki (l.mn.)	['gɔzʲdʒiki]	chiodi (m pl) di garofano
gorący	[gɔ'rɔ̃tsɨ]	caldo
gorzki	['gɔʃki]	amaro
gotowany	[gɔtɔ'vanɨ]	bollito
granat (m)	['granat]	melagrana (f)
grejpfrut (m)	['grɛjpfrut]	pompelmo (m)
groch (m)	[grɔh]	pisello (m)
gruszka (ż)	['gruʃka]	pera (f)
gryka (ż)	['grika]	grano (m) saraceno
grzyb (m)	[gʒɨp]	fungo (m)
grzyb (m) jadalny	[gʒɨp ja'daʎnɨ]	fungo (m) commestibile
grzyb (m) trujący	[gʒɨp tru'ɔ̃tsɨ]	fungo (m) velenoso
guma (ż) do żucia	['guma dɔ 'ʒutʃa]	gomma (f) da masticare
halibut (m)	[ha'libut]	ippoglosso (m)
hamburger (m)	[ham'burgɛr]	hamburger (m)
herbata (ż)	[hɛr'bata]	tè (m)

herbatniki (l.mn.)	[hɛrbat'niki]	biscotti (m pl)
imbir (m)	['imbir]	zenzero (m)
indyk (m)	['indɨk]	tacchino (m)
jęczmień (m)	['entʃmɛ̃]	orzo (m)
jabłko (n)	['jabkɔ]	mela (f)
jagoda (ż)	[ja'gɔda]	bacca (f)
jagody (l.mn.)	[ja'gɔdɨ]	bacche (f pl)
jajecznica (ż)	[jaetʃ'nitsa]	uova (f pl) al tegamino
jajka (l.mn.)	['jajka]	uova (f pl)
jajko (n)	['jajkɔ]	uovo (m)
jeżyna (ż)	[e'ʒina]	mora (f)
jedzenie (n)	[e'dzɛne]	cibo (m)
jogurt (m)	[ʒgurt]	yogurt (m)
kłos (m)	[kwɔs]	spiga (f)
kałamarnica (ż)	[kawamar'nitsa]	calamaro (m)
kabaczek (m)	[ka'batʃɛk]	zucchina (f)
kaczka (ż)	['katʃka]	anatra (f)
kalafior (m)	[ka'ʎafɜr]	cavolfiore (m)
kaloria (ż)	[ka'lɜrja]	caloria (f)
kanapka (ż)	[ka'napka]	panino (m)
kapusta (ż)	[ka'pusta]	cavolo (m)
karczoch (m)	['kartʃɔh]	carciofo (m)
karp (m)	[karp]	carpa (f)
karta (ż) win	['karta vin]	lista (f) dei vini
kasza (ż)	['kaʃa]	cereali (m pl)
kasza (ż)	['kaʃa]	porridge (m)
kawa (ż)	['kava]	caffè (m)
kawa (ż) rozpuszczalna	['kava rɔspuʃt'ʃaʎna]	caffè (m) solubile
kawa (ż) z mlekiem	['kava z 'mlekem]	caffè latte (m)
kawałek (m)	[ka'vawɛk]	pezzo (m)
kawior (m)	['kavɜr]	caviale (m)
kelner (m)	['kɛʎnɛr]	cameriere (m)
kelnerka (ż)	[kɛʎ'nɛrka]	cameriera (f)
kiełbasa (ż)	[kew'basa]	salame (m)
kielich (m)	['kelih]	calice (m)
kiwi (n)	['kivi]	kiwi (m)
kminek (m)	['kminɛk]	cumino, comino (m)
koźlarz (m)	['kɔʑʎaʃ]	porcinello (m)
koźlarz (m) czerwony	['kɔʑʎaʃ tʃɛr'vɔnɨ]	boleto (m) rufo
koktajl (m)	['kɔktajʎ]	cocktail (m)
koktajl (m) mleczny	['kɔktajʎ 'mletʃni]	frullato (m)
kolacja (ż)	[kɔ'ʎatsʰja]	cena (f)
kolendra (ż)	[kɔ'lendra]	coriandolo (m)
konfitura (ż)	[kɔnfi'tura]	marmellata (f)
koniak (m)	['kɔɲak]	cognac (m)
konserwy (l.mn.)	[kɔn'sɛrvɨ]	cibi (m pl) in scatola
koperek (m)	[kɔ'pɛrɛk]	aneto (m)
korkociąg (m)	[kɔr'kɔtʃɔ̃k]	cavatappi (m)
królik (m)	['krulik]	coniglio (m)
krab (m)	[krap]	granchio (m)
krem (m)	[krɛm]	crema (f)
krewetka (ż)	[krɛ'vɛtka]	gamberetto (m)

kuchnia (ż)	['kuhɲa]	cucina (f)
kukurydza (ż)	[kuku'ridza]	mais (m)
kukurydza (ż)	[kuku'ridza]	mais (m)
kurczak (m)	['kurtʃak]	pollo (m)
kurka (ż)	['kurka]	gallinaccio (m)
lód (m)	[lyt]	ghiaccio (m)
langusta (ż)	[ʎa'ŋusta]	aragosta (f)
lemoniada (ż)	[lemɔ'ɲjada]	limonata (f)
leszcz (m)	[leʃtʃ]	abramide (f)
liść (m) laurowy	[liʃtʃ ʎau'rɔvi]	alloro (m)
likier (m)	['liker]	liquore (m)
lody (l.mn.)	['lɔdi]	gelato (m)
mąka (ż)	['mɔ̃ka]	farina (f)
majonez (m)	[maɜnɛs]	maionese (m)
makaron (m)	[ma'karɔn]	pasta (f)
makaron (m)	[ma'karɔn]	tagliatelle (f pl)
makrela (ż)	[mak'rɛla]	scombro (m)
malina (ż)	[ma'lina]	lampone (m)
mandarynka (ż)	[manda'riŋka]	mandarino (m)
mango (n)	['maŋɔ]	mango (m)
marchew (ż)	['marhɛf]	carota (f)
margaryna (ż)	[marga'rina]	margarina (f)
marmolada (ż)	[marmɔ'ʎada]	marmellata (f) di agrumi
marynowany	[marinɔ'vani]	sottoaceto
masło (n) śmietankowe	['maswɔ ɕmeta'ŋkɔvɛ]	burro (m)
melon (m)	['mɛlɔn]	melone (m)
menu (n)	['menu]	menù (m)
miód (m)	[myt]	miele (m)
mięso (n)	['mensɔ]	carne (f)
mięso (n) jesiotra	['mensɔ e'ɕɜtra]	storione (m)
migdał (m)	['migdaw]	mandorla (f)
mleko (n)	['mlekɔ]	latte (m)
mleko skondensowane	['mlekɔ skɔndɛnsɔ'vanɛ]	latte (m) condensato
morela (ż)	[mɔ'rɛʎa]	albicocca (f)
mrożony	[mrɔ'ʒɔni]	congelato
muchomor (m)	[mu'hɔmɔr]	ovolaccio (m)
musztarda (ż)	[muʃ'tarda]	senape (f)
nóż (m)	[nuʃ]	coltello (m)
nadzienie (n)	[na'dʑene]	ripieno (m)
napój (m) bezalkoholowy	['napuj bɛzalkɔhɔ'lɔvi]	bevanda (f) analcolica
napój (m) orzeźwiający	['napuj ɔʑɛʑ'vjaɔ̃tsi]	bibita (f)
napiwek (m)	[na'pivɛk]	mancia (f)
napoje (l.mn.) alkoholowe	[na'pɔe aʎkɔhɔ'lɔvɛ]	bevande (f pl) alcoliche
niegazowana	[nega'zɔvana]	liscia, non gassata
obiad (m)	['ɔbʲat]	pranzo (m)
ocet (m)	['ɔtset]	aceto (m)
ogórek (m)	[ɔ'gurɛk]	cetriolo (m)
okoń (m)	['ɔkɔɲ]	perca (f)
okruchek (m)	[ɔk'ruhɛk]	briciola (f)
olej (m) oliwkowy	['ɔlej ɔlif'kɔvi]	olio (m) d'oliva
olej (m) roślinny	['ɔlej rɔɕliɲi]	olio (m) vegetale
olej (m) słonecznikowy	['ɔlej swɔnɛtʃnikɔvi]	olio (m) di girasole

oliwki (ż, l.mn.)	[ɔ'lifki]	olive (f pl)
omlet (m)	['ɔmlɛt]	frittata (f)
orzech (m) kokosowy	['ɔʒɛh kɔkɔ'sɔvɨ]	noce (f) di cocco
orzech (m) laskowy	['ɔʒɛh ʎas'kɔvɨ]	nocciola (f)
orzech (m) włoski	['ɔʒɛh 'vwɔski]	noce (f)
orzeszek (l.mn.) ziemny	[ɔ'ʒɛʃɛk 'ʒemnɛ]	arachide (f)
ostryga (ż)	[ɔst'rɨga]	ostrica (f)
otwieracz (m) do butelek	[ɔt'feratʃ dɛ bu'tɛlek]	apribottiglie (m)
otwieracz (m) do puszek	[ɔt'feratʃ dɛ 'puʃɛk]	apriscatole (m)
owies (m)	['ɔves]	avena (f)
owoc (m)	['ɔvɔʦ]	frutto (m)
owoce (l.mn.)	[ɔ'vɔʦɛ]	frutti (m pl)
owoce (l.mn.) morza	[ɔ'vɔʦɛ 'mɔʒa]	frutti (m pl) di mare
ozór (m)	['ɔzur]	lingua (f)
płatki (l.mn.) kukurydziane	['pwatki kukurɨ'dʑanɛ]	fiocchi (m pl) di mais
papaja (ż)	[pa'paja]	papaia (f)
papryka (ż)	[pap'rika]	peperoncino (m)
papryka (ż)	[pap'rika]	paprica (f)
parówka (ż)	[pa'rufka]	würstel (m)
pasztet (m)	['paʃtɛt]	pâté (m)
pieprz (m) czarny	[pepʃ 'tʃarnɨ]	pepe (m) nero
pietruszka (ż)	[pet'ruʃka]	prezzemolo (m)
piwo (n)	['pivɔ]	birra (f)
piwo (n) ciemne	[pivɔ 'tʃemnɛ]	birra (f) scura
piwo (n) jasne	[pivɔ 'jasnɛ]	birra (f) chiara
pizza (ż)	['piʦa]	pizza (f)
plasterek (m)	[pʎas'tɛrɛk]	fetta (f), fettina (f)
pomarańcza (ż)	[pɔma'raɲtʃa]	arancia (f)
pomidor (m)	[pɔ'midɔr]	pomodoro (m)
porcja (ż)	['pɔrʦʰja]	porzione (f)
posmak (m)	['pɔsmak]	retrogusto (m)
poziomka (ż)	[pɔ'ʒɔmka]	fragola (f) di bosco
prawdziwek (m)	[prav'dʑivɛk]	porcino (m)
proso (n)	['prɔsɔ]	miglio (m)
przepis (m)	['pʃɛpis]	ricetta (f)
przyprawa (ż)	[pʃɨp'rava]	condimento (m)
przyprawa (ż)	[pʃɨp'rava]	spezie (f pl)
przystawka (ż)	[pʃɨs'tafka]	antipasto (m)
psi grzyb (m)	[pɕi gʒɨp]	fungo (m) moscario
pstrąg (m)	[pstrɔ̃k]	trota (f)
pszenica (ż)	[pʃɛ'niʦa]	frumento (m)
rachunek (m)	[ra'hunɛk]	conto (m)
rekin (m)	['rɛkin]	squalo (m)
rodzynek (m)	[rɔ'dʑinɛk]	uvetta (f)
rosół (m)	['rɔsuw]	brodo (m)
rum (m)	[rum]	rum (m)
ryż (m)	[rɨʃ]	riso (m)
ryba (ż)	['rɨba]	pesce (m)
rzepa (ż)	['ʒɛpa]	rapa (f)
rzodkiewka (ż)	[ʒɔt'kefka]	ravanello (m)
sól (ż)	[suʎ]	sale (m)
słodka papryka (ż)	['swɔdka pap'rika]	peperone (m)

słodki	['swɔtki]	dolce
słony	['swɔni]	salato
sałata (ż)	[sa'wata]	lattuga (f)
sałatka (ż)	[sa'watka]	insalata (f)
sandacz (m)	['sandaʧ]	lucioperca (f)
sardynka (ż)	[sar'diŋka]	sardina (f)
seler (m)	['sɛler]	sedano (m)
ser (m)	[sɛr]	formaggio (m)
sezam (m)	['sɛzam]	sesamo (m)
skórka (ż)	['skurka]	buccia (f)
smażony	[sma'ʒɔni]	fritto
Smacznego!	[smaʧ'nɛgɔ]	Buon appetito!
smaczny	['smaʧni]	buono, gustoso
smak (m)	[smak]	gusto (m)
smardz (m)	[smarts]	spugnola (f)
soczewica (ż)	[sɔʧɛ'vitsa]	lenticchie (f pl)
soja (ż)	['sɔja]	soia (f)
sok (m)	[sɔk]	succo (m)
sok (m) pomarańczowy	[sɔk pɔmaraɲt'ʃɔvi]	succo (m) d'arancia
sok (m) pomidorowy	[sɔk pɔmidɔ'rɔvi]	succo (m) di pomodoro
sok (m) ze świeżych owoców	[sɔk zɛ 'ɕfeʒih ɔ'vɔtsuf]	spremuta (f)
sos (m)	[sɔs]	salsa (f)
spaghetti (n)	[spa'gɛtti]	spaghetti (m pl)
spodek (m)	['spɔdɛk]	piattino (m)
sum (m)	[sum]	pesce (m) gatto
suszony	[su'ʃɔni]	secco
szafran (m)	['ʃafran]	zafferano (m)
szampan (m)	['ʃampan]	champagne (m)
szczupak (m)	['ʃʧupak]	luccio (m)
szklanka (ż)	['ʃkʎaŋka]	bicchiere (m)
szparagi (l.mn.)	[ʃpa'ragi]	asparago (m)
szpinak (m)	['ʃpinak]	spinaci (m pl)
szynka (ż)	['ʃiŋka]	prosciutto (m)
szynka (ż)	['ʃiŋka]	prosciutto (m) affumicato
tłuszcze (l.mn.)	['twuʃʧɛ]	grassi (m pl)
talerz (m)	['taleʃ]	piatto (m)
tort (m)	[tɔrt]	torta (f)
truskawka (ż)	[trus'kafka]	fragola (f)
tuńczyk (m)	['tuɲʧik]	tonno (m)
wódka (ż)	['vutka]	vodka (f)
wątróbka (ż)	[võt'rupka]	fegato (m)
wędzony	[vɛ̃'dzɔni]	affumicato
węglowodany (l.mn.)	[vɛnɛ̃zvɔ'dani]	carboidrati (m pl)
węgorz (m)	['vɛnɔʃ]	anguilla (f)
włoszczyzna (ż)	[vwɔʃt'ʃizna]	verdura (f)
wafle (l.mn.)	['vafle]	wafer (m)
warzywa (l.mn.)	[va'ʒiva]	ortaggi (m pl)
wegetariański	[vɛgɛtarⁿ'jaɲski]	vegetariano
wegetarianin (m)	[vɛgɛtarⁿ'janin]	vegetariano (m)
wermut (m)	['vɛrmut]	vermouth (m)
whisky (ż)	[u'iski]	whisky

wiśnia (ż)	['viɕɲa]	amarena (f)
widelec (m)	[vi'dɛlets]	forchetta (f)
wieprzowina (ż)	[vepʃɔ'vina]	maiale (m)
wino (n)	['vinɔ]	vino (m)
winogrona (l.mn.)	[vinɔg'rɔna]	uva (f)
witamina (ż)	[vita'mina]	vitamina (f)
wołowina (ż)	[vɔwɔ'vina]	manzo (m)
woda (ż)	['vɔda]	acqua (f)
woda (ż) mineralna	['vɔda minɛ'raʎna]	acqua (f) minerale
woda (ż) pitna	['vɔda 'pitna]	acqua (f) potabile
wykałaczka (ż)	[vika'watʃka]	stuzzicadenti (m)
wyroby (l.mn.) cukiernicze	[vi'rɔbɨ tsuker'nitʃɛ]	pasticceria (f)
z lodem	[z 'lɔdɛm]	con ghiaccio
zboża (l.mn.)	['zbɔʒa]	cereali (m pl)
zboże (n)	['zbɔʒɛ]	grano (m)
zielona herbata (ż)	[ʒe'lɔna hɛr'bata]	tè (m) verde
ziemniak (m)	[ʒem'ɲak]	patata (f)
zimny	['ʒimnɨ]	freddo
zupa (ż)	['zupa]	minestra (f)

.